| 数字营销系列 |

视频号运营

商业变现的营销法则

叶　萌　余来文　吴树贤　梁　龙◎著

图书在版编目（CIP）数据

视频号运营：商业变现的营销法则 / 叶萌等著. —北京：企业管理出版社，2021.4

ISBN 978-7-5164-2355-4

Ⅰ. ①视… Ⅱ. ①叶… Ⅲ. ①网络营销 Ⅳ. ① F713.365.2

中国版本图书馆 CIP 数据核字（2021）第 057042 号

书　　名： 视频号运营：商业变现的营销法则
作　　者： 叶　萌　　余来文　　吴树贤　　梁　龙
责任编辑： 尤　颖　　黄　爽
书　　号： ISBN 978-7-5164-2355-4
出版发行： 企业管理出版社
地　　址： 北京市海淀区紫竹院南路 17 号　　　邮编：100048
网　　址： http://www.emph.cn
电　　话： 编辑部（010）68701638　发行部（010）68701816
电子信箱： emph001@163.com
印　　刷： 河北宝昌佳彩印刷有限公司
经　　销： 新华书店
规　　格： 170 毫米 ×240 毫米　16 开本　16 印张　222 千字
版　　次： 2021 年 4 月第 1 版　　2021 年 4 月第 1 次印刷
定　　价： 65.00 元

视频号新战场

视频号一出，互联网战场硝烟再起。

在2020年的微信公开课上，我们听到张小龙的如下言论："相对公众号而言，我们缺少了一个人人可以创作的载体。因为不能要求每个人都能天天写文章。所以，就像之前在公开课所说的一样，微信的短内容一直是我们要发力的方向，顺利的话可能近期也会和大家见面。毕竟，表达是每个人天然的需求。"

随后，微信于2020年1月21日推出视频号，定位为"人人皆可创作"的"短内容"平台，清晰地传达出降低创作门槛、加速创作者赋能的决心。在2020年6月，张小龙高调地发了一条朋友圈，宣布微信视频号日活用户已达2亿人。

当"长春奇点"视频号的作品平均获赞超5.4万个时，人们开始意识到视频号的传播价值可能远远大于想象；当摄影师"李政霖"于2020年12月13日在云南海拔4200米的高原上开播的双子座流星雨直播传遍全网，超100万网友观看流星雨，点赞数超230万时，人们开始意识到，视频号直播的参与感可以如此强，"这是属于这个时代的浪漫"；当微信的聊天页、朋友圈等开始出现各类品牌、机构和个人的视频号和视频号直播，就像公众号体验一样顺畅自然，人们开始意识到，视频号已经成为微信互联网生态的超级连接器。

不到一年的发展时间，视频号已经完成了多次巨大革新。

一方面，随着微信 8.0 版本的更新，直播场景的界面和功能迅速完善，首页从分类混乱的单列信息流裂变为“关注”“朋友”“推荐”和“附近”四个板块，随后又将“附近”移出视频号，并入“附近的人和直播”，与视频号享同级入口。直播功能开通，并迅速支持带货、打赏、连麦、美颜等功能，视频号直播正式进入 1.0 时代。

另一方面，公众号、朋友圈、小程序、小商店、看一看、搜一搜、企业微信、直播、微信群等这些原本存在于微信生态却又独立、零散的产品组件，通过视频号全面连接打通，私域 + 公域同步发展，社交推荐与算法推荐互补共生，内嵌于微信个人号中的视频号，是无缝连接 12 亿用户的“公域”和“私域”的载体，也就是说视频号是“半公域和半私域”的，从公域到私域的路径最短，视频号是从未有过的私域流量与公域流量结合最紧密的平台。视频号 + 公众号 + 朋友圈 + 直播 + 电商小程序 + 微信群 + 企业微信 + 微信支付，已经形成了微信超级商业生态大闭环。

视频号是一个新的“号”，是公开的另一种创作者身份，更像是个人和企业的一张超级名片 / 电视台，它是一个快速提升影响力的放大器。视频号以创作者为出发点，打造私域运营工具；微信补齐流量获取机制的视频号，商家补齐“营销导流—成交转化—留存复购”的运营三件套。

本书以底层逻辑和实际运营相结合的方式，分析了视频号运营的四个关键要素：个人 IP 商业力、内容规划与运营、私域流量与生态、视频号商业变现。

个人 IP 商业力是最好的抵御风险的品牌资产，视频号就是个人的社交名片，了解并学习个人 IP 的底层逻辑、定位打造、价值模型、媒体传播、营销策略，有利于构建个人品牌的商业变现路径。

内容规划与运营是视频号创作者必备的核心能力，通过拆解短视频内容创作的步骤、爆款选题的策略、吸引人的标题的写法、BGM（背景音乐）的选取、短视频拍摄的运镜手法、视频号推广涨粉方法等运营策略，逐步深入学习如何运营自身的视频号和稳定输出高品质的短视频内容。

“视频号 + 公众号 + 朋友圈 + 直播 + 小商店 + 微信群”的运营路线打通后，就可以圈定私域流量，形成专属的私域生态，这也是通过视频号进行“私域流量 + 公域流量”的营销组合拳，沉淀它、转化它、裂变它，是视频号商业变现最重要的抓手。

通过视频号实现商业变现，IP+ 内容 + 视频 + 直播 + 社群的视频号商业闭环形成后，就需要通过各种途径和方法进行有效的快速变现和盈利。

视频化表达应该是下一个十年内容领域的一个主题。作者十分看好视频号链接微信体系内多个上亿 DAU（日活跃用户数量）工具，给个人及企业带来的微信商业格局变革，以及相应延伸出的支付、广告、企业微信等变现增长。可以预计，视频号会成为短视频赛道的私域第一极。

在写作过程中，感谢肖莹莹、李津、林德豹、刘聪、宫河阳、罗地珍、杨烨、王佳妮、幸毓、刘芮嘉等同学参与本书相关章节资料、案例的收集、整理工作。特别需要说明的是，本书在编写过程中，学习、借鉴、吸收和参考了国内外众多专家学者的研究成果及大量相关文献资料，引用了一些书籍、报刊、网站的部分数据和资料内容，并尽可能地在参考文献中列出，也有部分由于时间紧迫，未能与有关作者一一联系，敬请见谅！在此，对这些成果的作者深表谢意。限于作者的学识水平，书中难免会有疏漏，敬请广大读者批评指正，使本书将来的再版能够锦上添花！如您希望与作者进行沟通、交流，请与我们联系。

联系方式：728290007@qq.com；eleven9995@sina.com。

2021 年 2 月 28 日

第一章　视频号价值　/ 001

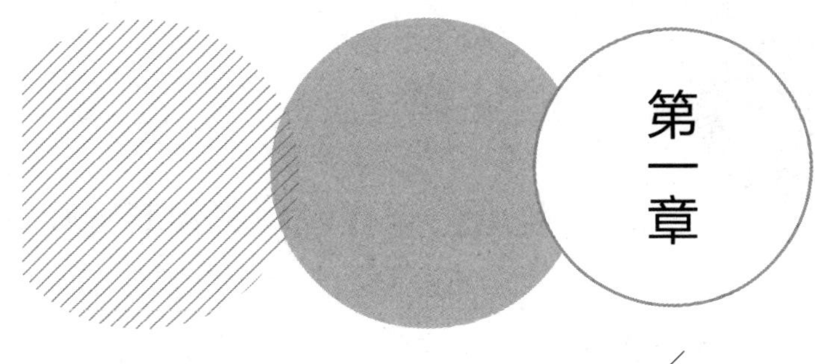

第一章 / 视频号价值

随着流量增长速度降低，互联网红利持续减少，如何在现有的流量基础上增加流量质量的重要性开始逐渐超过单纯的增加流量。私域流量概念也开始兴盛，运营流量是传统短视频平台难以做到的，而对于微信视频号来说，这将会是属于它的舞台。

视频化表达应该是下一个十年的内容领域的一个主题。

——腾讯微信创始人　张小龙

开章
案例

爱奇艺正在颠覆影视行业生态

1. 企业简介

爱奇艺于2010年4月22日成立，由百度和美国普罗维登斯资本共同组建，创始人为龚宇，是一家以“悦享品质”为经营理念，“用户体验”为使命的互联网在线视频平台。2013年5月7日，百度收购PPS视频业务，并与爱奇艺进行合并。2017年2月，爱奇艺完成15亿美元可转债认购，百度认购3亿美元。2018年3月29日，爱奇艺上市。2021年2月18日，爱奇艺发布了截至2020年12月31日的2020财年第四季度及全年未经审计财报。爱奇艺2020年第四季度总营收为75亿元人民币（约合11亿美元）。2020财年爱奇艺总营收达到297亿元人民币（约合46亿美元）。

2. 长短视频无战事

2021年2月5日，快手短视频于香港证券交易所上市。上市首日涨幅达1.93倍。市值超11500亿元人民币，排行港股第八，超越中国移动和农业银行等一系列老牌上市公司。除此之外，字节跳动正在考虑将抖音、今日头条及西瓜视频打包在香港上市。微信高调推出视频号短视频功能，并且针对视频号推出了一系列的流量引导。种种迹象表明，短视频行业即将对长视频行业发起一次进攻。长短视频之间，区分界限到底是什么呢？作者认为应该按照两者不同的运营模式进行区分。短视频是围绕着流量进行运营的，所有的工作都是围绕着流量进行，没有流量，短视频行业很难出现今天的盛况；而长视频，需要通过内容吸引用户，再通过用户付费的多元化方式达到盈利。长视频平台最注重的应该是视频的内容。所以，长视频平台最大的支出是优质视频内容的制作、购买和版权维护；而短视频平台最大的支出是引导流量。在盈利方式上，传统长视频平台在过去很长一段时间内，基本上都是以广告变现为主。

美国Netflix这类流媒体互联网视频平台，其盈利模式主要是会员订阅模式，盈利主要来自收取的会员订阅费用。一方面，付费用户有着更高的用户黏性；另一方面，适量的会员收费也能促进内容生态更好地发展。有了前车之鉴以后，爱奇艺也加大了在视频会员订阅服务方面的投入。这也就意味着，爱奇艺想要逐步转型成为以订阅收费为主要盈利方式的视频平台，同时摆脱传统的以广告收入为主的模式。看到这里我们会发现短视频所依赖的流量，不再是爱奇艺的主要盈利方式，反而是愿意付费的忠实用户成了爱奇艺真正的“金主爸爸”。随着视频时长的增加，视频的专业性也在不断提升。所以，视频越长越仰仗综合素质，越需要大量的资金、人才经验，这时流量多少对于视频的影响较小。

优质的长视频内容所需要的呈现环境应该是在电视机、电影等大型的视听设备上，因为这样才能让好的内容得到更加充分的体验，而短视频的主题应该是在手机、平板等小型移动设备上。爱奇艺CEO龚宇在爱奇艺2020悦享会上提到，目前爱奇艺的互联网电视消费时长已经超越手机端。

所以，无论是从运营方式、盈利模式，还是从目标用户群体和目标用户时间来看，长视频和短视频都不存在直接的竞争关系，表面上两者同为视频平台，但从根本上来讲长短视频之间并不会围绕着某一资源产生直接的冲突和竞争，爱奇艺与抖音从始至终就不在一个竞技场上。

3. 从广告收入到内容变现

2019年，中国视频平台都出现了不同程度的亏损，腾讯视频亏损31亿元人民币，爱奇艺亏损103亿元人民币，优酷视频则亏损了高达158亿元人民币。面对收入结构问题，对于爱奇艺这样的长视频平台来说，用户付费收入肯定要比广告收入更加稳定，用户在付费订阅之后就会在平台花费更多的时间。收入费用可以反哺视频内容，再用视频内容吸引更多的付费订阅用户，形成持续的良性收益。2020年第二季度，爱奇艺的会员订阅收入为40亿元人民币，同比增长19%，并且在总收入中占比超过50%。其实，早在2018年的第三季度，爱奇艺的会员收入就已经超过了广告收入，并且差距还在不断增加。

根据经验我们可以得到：会员收入=会员数量×ARPU值，而对于爱奇艺来说，目前已经有超过一个亿的会员数量了，想要在这一基础上继续有所提升已经是非常困难的了，缺少新增用户红利导致长视频平台的收入很难获得大量的提升，陷入了一个发展困境。想要打破这一困境就必须提高ARPU值，也就是说要增加每一个用户在平台的支出，对于爱奇艺来说那就是要涨价，爱奇艺已经在2020年年底完成了九年来的第一次涨价。涨价后所增加的收入转化的利润，爱奇艺将其投进了新的电视剧开发项目，其中就包括在2020年里爱奇艺连续推出的《隐秘的角落》《沉默的真相》两部优秀电视剧，并且为迷雾剧场这一悬疑电视剧项目打下了良好的口碑。通过现象级的产品，爱奇艺获得了更多的付费用户。

事实上，爱奇艺很早就开始制作优质的剧集以及综艺节目了，从2013年的《心理罪》《最好的我们》，还有爆火的网络综艺《奇葩说》，并且在之后的几年连续推出了《青春有你》《中国有嘻哈》等自制综艺。原创剧、自制剧需要大量的投入，同时在内容和版权上也需要长期的成本，这给爱奇艺带来了巨大的资金压力。根据爱奇艺发布的财报，爱奇艺在2020年第二季度营收74亿元人民币，同时在内容制作方面投入达51亿元人民币。而2018年第四季度，爱奇艺在内容制作上投入65亿元人民币，是投入最大的一个季度，而在那一年，爱奇艺推出了包括原创综艺《偶像练习生》和《中国新说唱》、原创电视剧《延禧攻略》等优质原创内容，这些内容为爱奇艺打下了坚实的口碑基础。

4. 结论与启示

作为历经十年视频平台斗争，依然还能够留在行业内的爱奇艺，在陷入营收困境后，选择继续制作原创剧集和自制综艺，并且通过这种方式最终实现收入与内容的良性循环。

第一节　视频号——腾讯战略级产品

对于腾讯来说，在短视频领域一直没有一个能够带来稳定盈利并且能够占据和控制一定流量的平台。在这种情况下，腾讯选择在微信上加入短视频功能，推出视频号无疑是腾讯进入短视频行业的一条捷径。首先，微信经过多年的发展已经具有庞大的流量。其次，在传播途径上微信与抖音、快手等有着很大的不同，这种不同主要体现在视频号可以通过社交圈子进行传播，可以在私域流量中进行拓展。

视频号还可以作为公众号、小程序等功能的一个拓展。通过视频号可以串联微信公众号、微信好友、朋友圈、微信社群、微信商店、微信直播和微信小程序，使微信的功能丰富度进一步提高。

一、视频号诞生的必然因素

视频号在 2020 年开始爆火，其背后的原因不是某家公司、资本能够撬动的。就像博客、微博、贴吧、公众号、抖音、快手等应用流行时同样创造了大批网红，这些成功的顺风车其实是有迹可循的。首先这些产生爆红机会的工具是遵循着技术进步不断升级换代的。从最早的文字、网页，到移动互联网，再到高速移动互联网，人们渴望通过网络获取越来越多的信息，这些需求导致信息媒体不断升级。而乘着这些升级浪潮的网红就获得了成功。2020 年，私域流量概念及短视频火爆，再加上智能互联网络、5G 高速网络技术，这些技术放在一起使人们需要一款全新的视频社交工具。那么为什么会选择视频号呢？

首先，虽然短视频行业已经有了抖音、快手这样的行业巨头，他们在一定程度上对整个行业有着强大的掌控力。但是短视频这个大饼对于腾讯，依然有着很大的吸引力。其次，微信视频号和传统的短视频平台是有着巨大区别的。视频号依靠着微信庞大的用户群体，加上微信的生态，联通了直播、微信小商店、朋友圈、微信公众号、个人微信号、社群，在变现能力上远远超过传统短视频平台。最后，视频号从最开始就不只是一个短视频平台，它是要打造一个记录生活、创作作品的平台和一个了解他人、了解世界的窗口，这样的想法可以从视频号的英文版中看出——微信视频号的英文版叫 Channels（频道）。同时，用户通过个人的名义申请开通视频号，通过视频号可以发布一分钟以内的视频或者不超过九张图片，并能够添加公众号链接。从这个翻译和功能我们可以看出，视频号的定位应该是一个属于个人的频道，能够让个人在频道内自由地表演节目、施展才华、发表观点。而这些功能，传统短视频可能也具备，但是它们并没有像微信这样的社交平台作为支撑和拓展，最终实现变现。可以预见的是，视频号将会给短视频行业带来巨大的流量红利。

二、微信生态视角下的视频号

1. 视频号在微信生态中的角色地位

视频号的存在是不能够脱离微信生态的，只有放在微信生态中互动，视频号才能体现它的价值。目前，微信公众号的月活跃用户正在逐年下降，面对这种情况，要让微信保持原本所具有的流量，就需要一个新的流量宣发渠道。同时，朋友圈的内容质量不断下降，优质内容的占比减少，微信也急需一个平台来增加优质内容。在这样的需求下，视频号便应运而生了。

视频号的出现是微信对自身的社交体系生态的一次补充，丰富了微信的社交方式，提升了社交的体验。强化微信体系内的内容生态的同时，提升社交的能量和价值，从而进一步提升微信用户的活跃度。与此同时，微信的强社交属性也会将优质的短内容发掘出来并放大。视频号是继微信公众号带来自媒体红利之后，内容创作者在微信生态中所能寻找到的另一个增长点。

第一，视频号的补充与分发属性。微信做短视频产品，无论是视频动态（即时视频），还是视频号，对外宣称的想法都是：为每个用户创造展示自己的平台，人人都能创作。这在理论上能丰富微信生态内的内容。视频号会和微信小程序、微信公众号和微信朋友圈的原有的微信功能实现联动。在这一基础上，产生出的红利也将惠及个人及企业用户，通过视频号，视频号创作者可以直接将用户转化为更具价值的私域流量，提高流量转化效率和内容分发效率。微信视频号在微信生态的作用如图 1-1 所示。

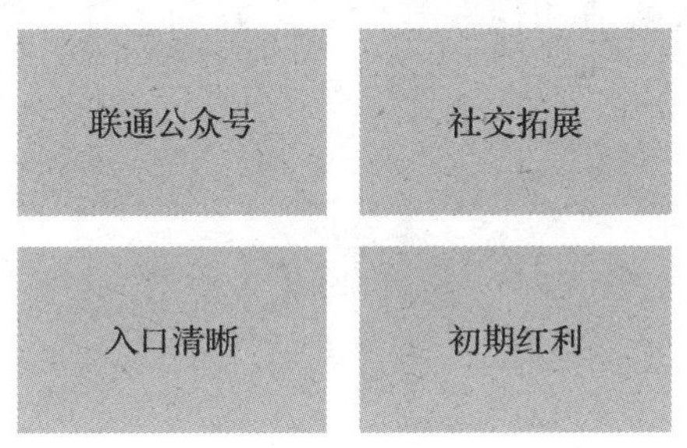

图 1-1　微信视频号在微信生态的作用

综上所述，针对视频号，我们可以有如下几种简单的理解。

一是视频号 + 公众号（图文内容）= 流量的打通。

二是视频号 + 社交推荐 = 公域流量 + 精准流量。

三是视频号 + 小程序 = 私域流量转化。

四是视频号 + 直播 = 带货。

视频号不是公众号的延伸，它是独立存在的。在流量上，视频号和公众号相互支持，共享流量；在内容上相互呼应，丰富内容深度。这是其他任何生态都不具备的优势，也是其他平台无法与之匹敌的原因所在。

第二，视频号是闭环私域流量。在公域流量范围内，快手、抖音、微博、今日头条等应用早已将市场开发得十分彻底了，红利空间所剩无几。而微信视频号着力于还未得到充分开发的私域流量，显然是有着更大的发展潜力的。随着社交生态的不断完善，公域流量的红利空间越来越窄，而私域流量则有着更广阔的发展空间。不管是从抖音还是从快手上面获取的粉丝，最终都要加微信号，但是这样的操作极容易因违规被封号。而视频号可以直接和公众号连接绑定，并且支持转发到朋友圈、微信群，甚至直接发给某个好友，这是短视频领域离微信私域流量最近的产品，使实现粉丝变现及与粉丝产生高黏性的路径明显短了很多。虽然抖音也开放了支付功能，并且建立了完整的生态，包括在电商、广告等领域都已经有所建树。但是和微信不同的是，在抖音上，创作者是无法运营自己的私人流量的，比如建立群聊、即时发布通知都是实现不了的。若想要长久深度地开发流量价值，那么微信和视频号会是更好的选择。微信的三大闭环如图1-2所示。

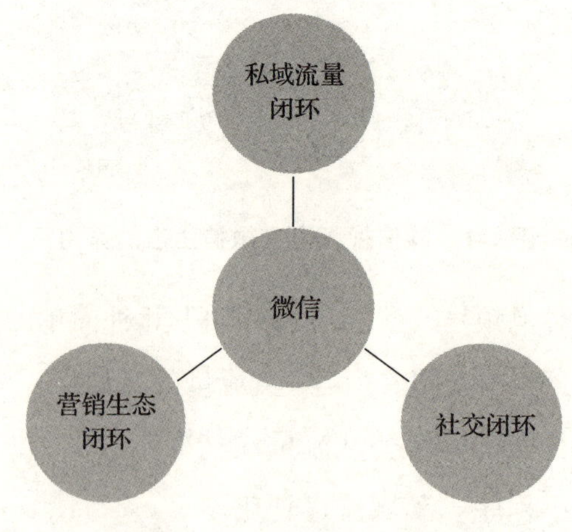

图 1-2　微信的三大闭环

（1）私域流量闭环。视频号依托于微信生态，个人微信、微信群、朋友圈、公众号等原有的成熟的社交链可以无成本、无难度地反哺视频号，形成视频号、微信、公众号、小程序多位一体的私域流量闭环结构。

（2）社交闭环。视频号自带社交属性，同时微信生态早已形成了一个完整的生态，应用之间转移流量没有太多障碍。视频号可以获取更多的商业流量，并实现公域流量向私域流量的转化。

（3）营销生态闭环。视频号可以作为桥梁，打通微信的其他功能，通过视频号就可以将流量引导至各个可以实现变现的平台，比如，微信商城、小程序等，在营销环境上实现闭环。

2. 视频号与微信生态产品的异同

视频号很明显是大于朋友圈的，你可以看到朋友点赞的视频和朋友的朋友的视频号，拓展了朋友圈的关系。从这种社交关系链的设计及推送机制可以看出，视频号主要想要拓展微信社交链的下一级，也就是朋友的朋友，这样就和朋友圈在用户定位方面形成了差异。跨层级社交链推送机制和内容生态的开放，带来了跨圈层的传播。

视频号与朋友圈的区别主要表现在以下 4 个方面，如图 1-3 所示。

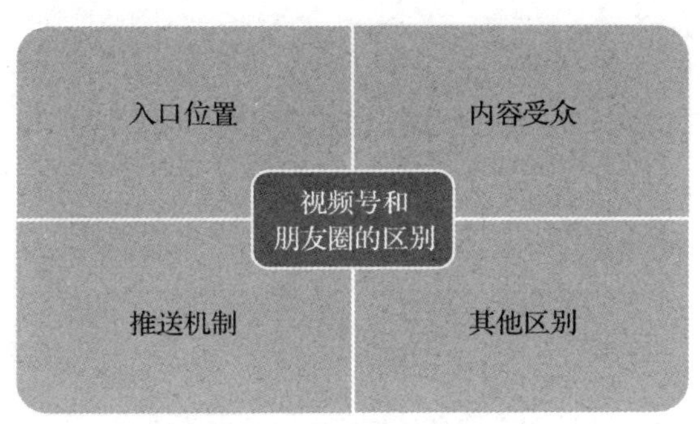

图 1-3　视频号和朋友圈的区别

（1）入口位置。视频号的入口就在朋友圈的下面，而朋友圈坐拥超 7 亿日活跃用户，视频号能够紧随其后，排在小程序、电商、游戏等其他应用之前，足以见得腾讯对于视频号的重视。

（2）内容受众。现在，发朋友圈得到的点赞越来越少，可见朋友圈已经进入疲软状态。虽然视频号和朋友圈一样，个人可以进行编辑和发表，但是朋友圈的受众始终局限于你朋友列表中的人，而视频号的内容可以通过社交链条跨层级传递，可以收到更多陌生人的点赞、关注。

（3）推送机制。视频号获得的新用户一般是在朋友圈中比较活跃的人群，但不是仅面向已有好友。微信作为一个社交工具，主要的使用场景就是聊天对话和朋友圈，而现在越来越多的人已经选择关闭朋友圈，或者设置仅三天可见，熟悉的社交场景反而成为触达用户难度最大和成本最高的地方，这也是越来越多的人喜欢短视频的原因。当然，视频号不会只做熟人社交，否则其就是一个新的朋友圈而已。

（4）其他区别。朋友圈与视频号的其他区别如图 1-4 所示，朋友圈自诞生起就默认支持发照片，这是因为对几亿用户来说，发照片可以表达情绪，且明显要比字斟句酌地写大段文字简单。而视频号可以看作微信针对短内容进行的一次全民创作尝试。为什么不是朋友圈而是视频号开启了微信短内容时代？原因其实非常简单：朋友圈中的内容只有好友可见、可赞、可评论；视频号中的内容微信全网可见、可赞、可评论。

图 1-4　视频号与朋友圈的其他区别

3. 视频号与公众号的异同

公众号的内容主要是以图文为主，而视频号的内容是短视频，最根本的不同在于内容性质。在发布视频号或者公众号时，可以增加一条拓展链接。连接一篇微信公众号文章或者视频号，意味着视频号和公众号可以相互连接、相互引流。如此一来，视频号和公众号就能形成互补关系。短视频有着浏览迅速、传播广泛的特点；而公众号文章制作难度低，更新迅速。将两者进行结合，充分发挥各自优势，互惠互利，无论是对视频号还是公众号都是一个利好的消息。

视频号与公众号的不同如图 1-5 所示。

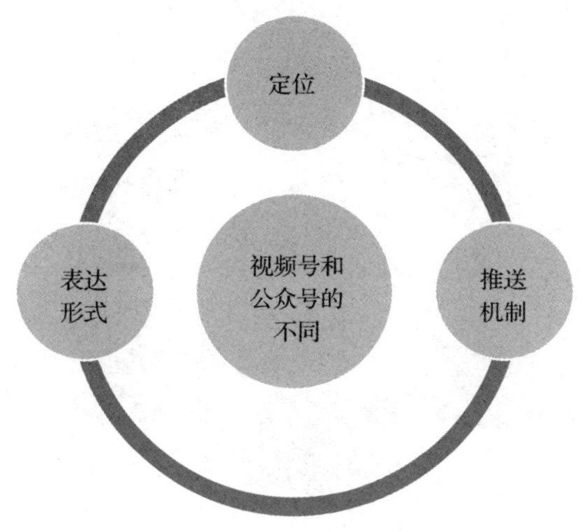

图 1-5　视频号与公众号的不同

（1）定位不同。公众号是一个中心化很强的产品，它的上限取决于公众号有多少粉丝。而视频号是去中心化的产品，它将内容放置在社交链条上传播，可以吸引更多人关注和观看。

①和公众号一样，视频号可以被关注。

②视频号的内容可以分享到朋友圈和群，也可以直接分享给好友。

③公众号和视频号之间互相独立，互不影响，但内容可以在一定程度上打通。

（2）推送机制不同。公众号的核心推送机制是“用户主动关注公众号，然后才会收到公众号的内容推送”；视频号的推送机制是“社交推荐，即使你没有关注也有机会看到别人发到视频号上的内容”。

（3）表达形式不同。与公众号相比，视频号的优势在于短视频能够塑造更直观、更鲜明的品牌立体形象，使 IP 化运作更为顺畅。

三、视频号与抖音、快手的差异

视频号与其他短视频主要有 6 点区别，具体如图 1-6 所示。

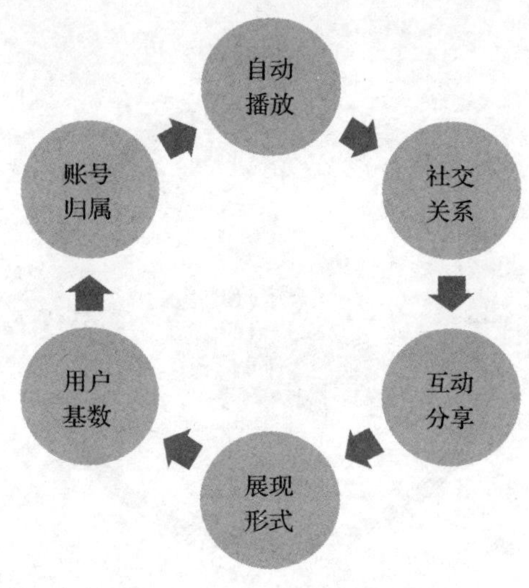

图 1-6　视频号与短视频的不同

（1）自动播放。和短视频平台一样，进入视频号后，视频会自动播放，向下滑动切换视频，下一条视频也会自动播放。但是，和抖音、快手不同的地方在于，视频号会展示一小段下一条视频的内容，充分利用屏幕大小。并且，在切换视频的过程中，相较于快手和抖音，视频号的切换更加流畅。

（2）社交关系。和抖音、快手不同的是，视频号内无法直接浏览到好友发布的视频，反而会被推送好友点赞过的视频，这种性质就决定了视频号十分依赖社交圈子。所以，将视频号放在微信之内，可以很好地解决视频号在前期流量不足，社交圈子不成熟的问题，反观快手、抖音并没有在社交圈子上投入太多精力。

（3）互动分享。目前视频号不能转发，仅有的分享也只能分享到微信群和朋友圈中，不能分享到微信以外的平台。这就说明了，视频号更倾向于鼓励原创并且不重视转发，反而重视评论、点赞和关注等互动。

（4）展现形式。不同于抖音的竖屏全屏和快手的列表，视频号在展现内容时采用的是瀑布流的形式。视频尺寸并不是竖屏的全屏，因此沉浸感没有前两者好，但是会更有交互性。因为评论、点赞在屏幕上所占据的空间更大，并且可以在看视频的同时浏览、编辑、评论。实际上，这种设计也是由视频号的价值观所决定的，视频号从一开始就不希望像抖音一样成为一个短视频媒体平台，而是希望成为像微博那样的互动社交平台，所以在设计的时候选择了更加重视交互性的瀑布形式。

（5）用户基数。根据调查数据显示，视频号的用户和快手的用户重复率只有不到10%，这就意味着抖音、快手所没有覆盖的用户很多都在使用微信视频号。加上微信成熟的社交属性加持，视频号可以比抖音、快手更加有效率地接触到不同的人群。从用户基础上来说，视频号依托腾讯，显然更具有优势。

（6）账号归属。微信视频号强绑定至微信个人账号，这也就意味着微信视频号的流量全归个人所有，而非某个机构，这是视频号和抖音、快手之间最大的不同。

四、解析视频号算法及推荐机制

微信推荐算法最重要的逻辑是去中心化。之所以要去中心化，是因为中心化会导致流量聚集在头部账号，使中、小账号的发展机会变小。视频号在推送中是介于熟人和陌生人之间的方式，根据社交关系进行推送，观众和创作者的关系一定是有好友作为连接的，也就是说双方可能是陌生人，但必然有共同好友这一隐藏关系。

视频号的分发逻辑如图1-7所示。

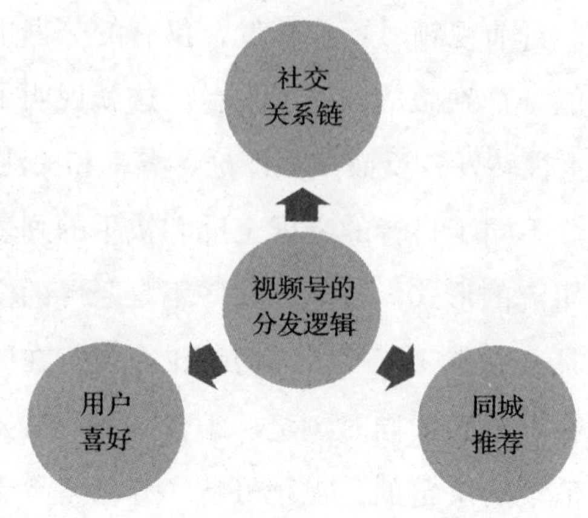

图 1-7　视频号的分发逻辑

（1）社交关系链。当你的好友看过某个内容，系统会认为你也可能对此类内容感兴趣，然后会推送给你其他类似内容。这个机制与“搜一搜”“看一看”的玩法是一样的，在内容的下方，会出现“多位朋友看过”的标签。所以，视频号更多的还是一种圈层关系，发布的视频会在朋友之间或者二度朋友之间流转。

（2）用户喜好。如果你看了某个内容并且做了互动，比如点赞、评论等，或者你之前关注了哪些公众号，系统会给你打上标签，下次会给你推送类似内容。

（3）同城推荐。系统会根据你的地理位置，推送附近用户的动态。这个逻辑抖音、快手也有，也是放在比较重要的位置上。基于地理位置服务，可以衍生很多机会，比如线下商家可以通过用户地理位置提供商业服务，这块业务也是任何平台都不会放弃的。

 **专栏 1-1**

Keep 如何让你健身上“瘾”

1. 企业简介

Keep 是一款健身类 APP，通过 Keep，用户可以学习到健身的方式方法，在社区中和志同道合的健身伙伴分享。目前 Keep 还大力发展健身穿戴设备的开发，实现了 AI 大数据运动记录和分析。

2. Keep 的新年活动

2021 年年前，Keep 上线“2021 赘肉年货”活动——用户在 Keep 上观看直播课，跟着健身教练运动，获取相应的卡路里值。卡路里值可以兑换猪肉、牛肉等“年货”以及 Keep 的 7 日会员和购物商城代金券。

第一，Keep 的直播课程可以连接 Keep 手环和动感单车，配备手环的用户相比没有手环的用户有更好的体验感，手环用户能够看到自己真实的卡路里消耗值和实时心率，直播页面还设置了手环用户排行榜，消耗卡路里值最高的前 50 位手环用户上榜，这种机制能让用户产生竞赛感，刺激用户加速运动以占据更高的排位。同时，观看直播的用户也可以发送弹幕和教练及其他用户进行实时互动，增加“在场感”。

第二，健身直播课是 2020 年 Keep 的新尝试。2020 年 6 月，Keep 开始推出燃脂训练、力量训练、搏击、瑜伽、尊巴等直播课程，8 月上线与旗下产品动感单车联动的直播课程。和“赘肉年货”活动一样，这些课程可以先免费体验，然后再逐步转向付费。Keep 创始人王宁曾明确指出付费直播课对 Keep 的意义——带来新用户，带动老用户。“我们希望直播课能起到一个拉新的作用，让健身频率低的用户更活跃，让从来不想锻炼的用户因为有教练而来锻炼”。

第三，健身教练在 Keep 的直播课宣推中扮演着重要的角色。2021 年 2 月，Keep 对外公布其已建立起近百人的直播互动团队，其中包含课程设计师、直播教练、经纪运营等。目前，直播教练团队累计吸引粉丝人数已达百万量级，未来还会投入更大的资源，对教练长期打造与培养。而在这次“赘肉年货”中，Keep 也有意为健身教练“圈粉”。用户领取 72 千卡的加油包之后，Keep 会提醒用户关注教练，关注一个教练便可获得 69 千卡的奖励，每天可以关注三位教练。

3. 潜力无限的运动市场

2020 年年初，新冠肺炎疫情打破了传统的健身场景，让以家庭为单位的健身需求快速提升，Keep 一度成为爆款。

首先，根据《疫情影响下云健身行业关注度报告》，疫情期间，Keep 的网络传播热度与下载量均在 2020 年 1 月 27 日左右出现大幅度攀升，远超其他同类运动软件。另有数据显示，Keep 在疫情期间月活跃用户量较 2019 年同期增长超过 20%。疫情逐渐稳定后，在线运动健身市场的活力不减。麦肯锡《2021 中国消费者报告》指出，后疫情时代，线上健身用户增长 23%。其中 6% 的用户在疫情后更多使用线上健身，3% 的用户刚开始使用，而有意继续线上健身的用户占比 60%。

其次，线上健身市场增长迅速，像 Keep 这样的线上健身平台正在逐步培养起国民新的健身习惯，嗅觉灵敏的资本也看到了广阔的发展前景。2021 年 1 月，Keep 完成 3.6 亿美元的 F 轮融资，估值达 20 亿美元，而这离 Keep 的上一轮融资仅过去半年，在这半年的时间内，Keep 的估值翻了一番。

再次，除了发力直播赛道，目前 Keep 的主要发展方向是完善和提升以家庭为运动场景的智能化服务，让消费品和内容形成矩阵，如 Keep 的动感单车、手环和直播课的联动。Keep 在场景和圈层上横向拓展的趋势也初显端倪。有专家认为，健身直播是一个新机遇，不仅可以满足消费者居家健身的多元化需求，还可以延伸 Keep App 的使用场景。

最后，根据艾瑞咨询分析的 Keep 的用户画像，超过 80% 的 Keep 用户为 35 岁之下的青年，40 岁以上的 Keep 用户仅占 4.18%。作为消费能力较强而且同样有线上健身需求的人群，40 岁以上的健身爱好者具有较大的市场潜力。在“赘肉年货”TVC 广告中，主角不再只有年轻人，而是变成了之前鲜少出现的老年人和中年人；运动场景也变得多元，除了 Keep 长期深耕的室内家庭健身场景，还增加了老年社区。

4. Keep 不住的用户

首先，疫情增加了线上健身的需求，但除了Keep，用户们有更多选择。从艾瑞咨询的数据看，2020年5月之后，Keep的月独立设备数开始下降，这个变化意味着使用Keep的人越来越少，Keep正在失去用户。而付费直播课显然没有承担起吸纳新用户、及时止损的责任。在推出直播课后的三个月，Keep的独立设备数跌幅超过3%，7月份的月独立设备数降低到1月份的水平，用户数量持续流失。疫情为Keep带来的流量红利已经逐渐见顶。

其次，近年来，Keep通过不断推出新产品、细化的会员内容体系完善商业布局，以寻求更大的盈利空间，但从效果看内容生产表现一般。实际上，Keep在内容生产上面对诸多挑战，其一是其他平台的分流。初代Keep以免费录播课程赢得大批健身爱好者，但随着诸如B站等视频门户的兴起和健身KOL的入驻，Keep的课程模式被大量复制。

最后，尽管2020年Keep签约健身“流量明星”周六野和帕梅拉，并推出免费的系列课程，但此举对粉丝的迁移和回流没有明显作用，健身KOL的粉丝保持着原先的观看习惯，后知后觉的Keep显得十分被动。在直播业务上，Keep面对抖音、快手等劲敌，实际竞争力并不强，Keep巅峰时期的月活跃人数仅3432万。巨大的月活用户意味着这些综合内容平台可以在任何领域对小众平台形成威胁。在这些平台上，一个健身教练可以轻松地吸引百万粉丝，用户规模小也带来了内容生产者收入低的情况。Keep的内容创作者收益来源有三个方面，一是平台补贴，二是广告主，三是用户对会员和课程的付费，带货的分成和打赏。用户少意味着内容生产者的第二和第三项收入少，相比其他平台，健身教练们难以将获得的流量变现。

5. 总结与启示

经过了7年时间的发展，Keep从一个运动工具变成了集运动、购物、社交、学习功能于一身的平台，运营模式趋于成熟。2021 年 1 月，Keep 完成 F 轮融资之后，曾一度传出最快在 2021 年 IPO 的消息，Keep 随后否认 IPO 计划。但传言也足见市场对 Keep 的看好，而 7 年 8 轮融资也体现了资本对 Keep 开拓国内线上健身市场的信心。然而，拥有 3 亿用户的 Keep，2020 年平均月活跃人数仅 3000 万，面对低留存和低黏性的用户，Keep 需要提供更贴合用户需求的产品和服务，增加课程的独创性和不可复制性，才能让用户埋单，才能在线上健身的平台之战中脱颖而出。

目前来看，国内的线上健身市场还远未成熟，国人的健身渗透率远低于发达国家，这是“Keep 们”发展的困局，但同时也是机会。在线上健身市场的这片蓝海中，究竟是 Keep 一直保持独占鳌头的姿态还是会半路杀出程咬金，一切都还需要静观其变。

第二节　视频号——新一轮的创富风口

视频号本身有着巨大的潜力，并且在微信生态中有着举足轻重的地位。同时，腾讯对于视频号的支持力度巨大，就拿 2021 年新年的微信红包封面自定义来举例。创建视频号的用户可以自行设计一款属于自己的微信红包封面，通过这种方式，腾讯为视频号带来了数以百万计的新增用户。而且这些用户不是仅仅浏览的观众用户，而是真正发布过视频的用户。同时，回看短视频行业的两位前辈——抖音和快手。一个在广告方向上获得了巨大的收益，另一个在直播带货上获得了成功。视频号作为一个新生的平台同样蕴藏着财富密码。

一、视频号对个人创业者的三大价值

任何人都可以发布自己的短视频作品，这与传统的媒体生产流程有很

大的不同。目前，不少个人通过视频号实现了变现，视频号对个人的价值如图 1-8 所示。

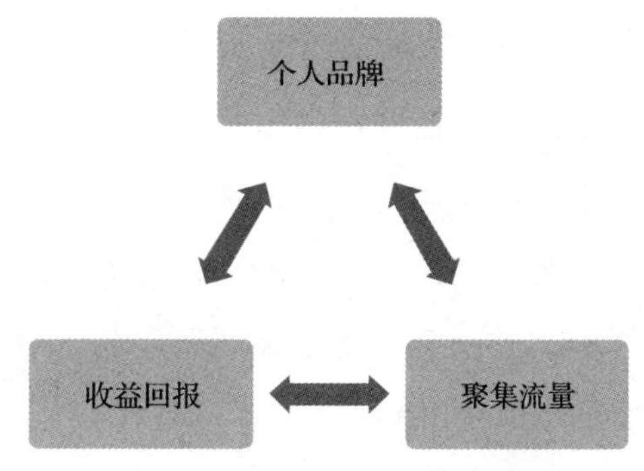

图 1-8　视频号对个人的价值

第一，个人品牌。任何人都可以在网络世界得到关注，视频号的核心就是表达，因此你需要勇敢地展现自己。你可以在视频号里全方位地展现自己，比如你的喜好、兴趣等。当你形成个人品牌之后，就可以通过个人品牌 IP 变现，优质的个人品牌 IP 甚至可以具有巨大的经济价值和社会价值。比如，知识付费领域的秋叶大叔，通过个人品牌 IP 用视频号为付费文章引流，一篇文章收入几万元；比如，那些带货达人用短视频带货变现。调查显示，超过 70% 的用户因为自己信任的人推荐而购买产品。而具备了个人品牌 IP 之后，你就可以实现带货变现了。

第二，聚集流量。人人都可以出名，每个人都可能成为短视频达人。这里的“达人”其实更多是指“小众名人”，也就是较小范围内的名人。在视频号里，一个人被 15 个人接受或者崇拜，那他就是“小众名人”。基于微信的社交关系链条，每个人都能实现名人梦，成名后还可以培养自己的粉丝群。当你在微信视频号拥有 1000 个高质量粉丝后，你就拥有了随时可激发的私域流量池。

第三，收益回报。用户可以在视频号里获得收益，这种收益包括物质和精神两个层面，比如粉丝关注、金钱收益或者其他物质收益。

二、拥抱视频号是微商行业的新机会

视频号的互动性、渗透性和传播性可以很好地帮助商家实现产品的推广销售，并且这种效果可以在短期内实现。

第一，调研报告显示，消费者在做出购买决策前，亲友的推荐和真实购买评价会对决策产生巨大的影响。通过视频号推销产品，一方面由于推送机制是基于社交链条的，用户会更加相信自己的好友。另一方面在推销视频中加入真实的体验，借助真人真事来展示产品，可以让消费者对产品更加信任，从而更加果断地做出购买决策。

第二，由于网络的虚拟特性，网络购物不能给用户带来真实的产品情况及使用体验。这也导致网络购物具有一定的风险性和不确定性，这种风险性会导致用户不信任商家。而视频号通过社交链条进行推送，相当于你的朋友可以为交易做担保人，在商家和用户之间建立起比较牢固的信任关系，有效化解消费者对风险的恐慌，刺激消费者的购买意愿。相比起普通的朋友圈推销，视频号推销显然会更加有效率。

第三，对于微商来说，视频号和微信号是绑定的，并且微信中已经积累的客户可以无成本地转移到视频号中。毕竟，客户就是微商的根本，从头开始积累客户可不是那么容易的一件事。并且，视频号之于微信并不是取代关系，而是起到了一种支撑辅助的作用，并且视频号还具有微信不具备的短视频功能。

三、视频号是传统企业弯道超车的契机

短视频平台与传统企业可共同挖掘短视频的商业价值，帮助企业在最短的时间内找到目标受众，完成产品与受众的无缝对接，激发新的销量增长点。对于企业来说，其可以通过视频号、朋友圈、社群、公众号进行营销活动，以内容和创意触达消费者，实现产品营销与品牌传播的目的，创

造更多的商业价值。当然，更重要的是开启品牌建设之旅。

1. 品牌建设

企业可以通过视频号进行产品信息传播，有效触达目标人群，提升营销效果。

第一，消费信任。传统的宣传广告容易使用户产生厌烦情绪，导致广告效果大打折扣。而优质的短视频内容能够让消费者对产品产生兴趣，同时通过对品牌形象的塑造，还能够让消费者对品牌产生好感，产生品牌价值认同，并对品牌产生信任。

第二，平民视角。以平民视角进行品牌营销将成为主流。传统营销时代下，渠道为王。对于品牌而言，明星是最佳选择。随着短视频的兴起，用户制作短视频的门槛将进一步降低，未来 UGC（用户生产内容）影响力有望持续提升。消费者开始厌倦那些经过包装的明星营销，平民化的视角更加适合视频号的营销方式，和消费者共同的视角更容易引起消费者的共鸣。

第三，产品宣传。企业用视频号进行产品宣传，能提高用户之间的交互体验，增加网络曝光度，扩大宣传范围和影响力，从而让更多人了解产品的相关性能或者企业的品牌形象，为产品找到更多受众，实现增加产品销量的目的。除此之外，企业还可以选择与一些粉丝多的视频号创作者合作，将他们的固定粉丝转化成客户，从而提高品牌的知名度，带动产品销量。

第四，品效合一。品牌是每一个企业的立身之本，任何企业都需要建立属于自己的企业品牌形象，从而使用户更加容易接受该企业的产品。良好的品牌形象能够让用户产生强烈的信赖感，并且在一定程度上提升用户的购买欲。因此，在视频号平台上，企业可以通过视频的方式宣传自己的品牌，将自身的品牌特点融入视频中，使观众可以快速了解该企业的品牌。

2. 激发用户购买

企业推出新产品后，可以通过微信的渠道进行推广，依靠微信生态强大的传播能力，可以快速地将产品展示在消费者面前。在视频号出现之前，微信上推广产品主要是通过公众号订阅推送，这种方式需要消费者已经订阅过企业的公众号才能实现。而视频号则不需要担心这个问题，基于社交链的推送及热度推送机制，能够很好地增加产品的曝光度。

3. 流量价值

视频号传播分享的主要形式就是“内容 + 口碑”，这种形式对于网络用户来说具有很大的吸引力，能够提高用户观看短视频的主动性，促进其将短视频分享给其他用户。从这个角度来看，视频号对于提升私域流量的商业转化率有着不可替代和积极促进的作用。传统付费买流量的营销方式获取流量成本高、转化率低。在信息泛滥的时代，单纯地靠软文和内容几乎不能带来转化率。在移动社交时代，流量其实很充足，微信、社群、直播、短视频里有大量免费的流量，只要有好的方法就能获得源源不断的流量。

4. 社群圈层

视频号通过圈层向外辐射，吸引更多用户围观、参与（点赞、关注、评论），使品牌获得更大范围的传播。我们可以通过发布视频，建立属于自己的社群，更好地利用用户的碎片化时间，多维度、深入、高频率地与用户进行互动，进而在时间、空间以及制作上为产品带来更高的营销价值和持续增值的流量。

专栏 1-2

社区团购流量红利消失了

1. 企业简介

叮咚买菜平台的母公司为上海壹佰米网络科技有限公司，成立于2014年3月，注册资本35亿元人民币。叮咚买菜是该公司的一款主打自营生鲜销售及配送到家的生活服务类APP，于2017年5月正式上线，采用前置仓生鲜电商模式，用户只需在APP上下单，商品即从前置仓配送上门，其主打“最快29分钟抢鲜到家”。

2. 流量红利＋推广迅速

叮咚买菜起步于上海，随后迅速扩张。2020年叮咚买菜先后进入北京、南京、广州、河北、浙江、安徽、四川等重要城市及省份，仅在11月，新进入城市就达近10个。此外，叮咚买菜计划在2021年总投资6亿美元，在毗邻上海的江苏昆山建设生鲜综合体。此举将进一步提高叮咚买菜的生鲜源头供应链能力，提高长期竞争力。

根据叮咚买菜自身披露的最新数据显示，叮咚买菜目前进入全国28个城市，拥有超过800个前置仓，家庭用户数超3000万户，日订单超80万单，月营业额超过15亿元。

2020年疫情防控期间，叮咚买菜月营收已突破10亿元。2021年春节期间，受就地过年影响，叮咚买菜的业务环比增幅更是迅猛爆发。据数据公司Quest Mobile 1月末公布的《2020中国移动互联网年度大报告》报道，在2020年APP用户规模增长方面，叮咚买菜用户规模同比增长率位列年度前十，用户增速最快。在APP用户规模增长TOP榜中，叮咚买菜也是唯一上榜的生鲜电商平台。

3. 竞争激烈＋经营流量

尽管营收数据喜人，但叮咚买菜目前并未正式宣布获得区域性盈利。叮咚买菜采用的前置仓库、自养骑手策略等均属于重资产、重运营模式。伴随业务的扩张，这一模式将迅速推高运营成本。只有在高频密集的订单下前置仓布局才能保证盈利，发挥网格效应。

第一，生鲜电商赛道已堪称拥挤。叮咚买菜的竞争对手有每日优鲜、盒马鲜生、天天果园等，已吸引无数资本的社区团购近期也纷纷进驻北上广。

第二，靠流量红利和补贴模式运营终不能长远，赴美上市也意味着叮咚买菜必须解决长期的资金获取，向市场和资本方证明其可以探索出可持续、能够自我造血的商业模式。对于叮咚买菜来说，利用好私域流量的社群推广效应，也许会是冲出重围的新机遇。

4. 总结与启示

对于叮咚买菜来说，乘着社群购物增长的东风已经让它迅速成长为不错的生鲜品牌，但是随着各家互联网企业的入局，在流量竞争上，叮咚买菜已经很难占据优势。转攻为守，将现有流量运营好，同时通过视频号等新兴流量平台进一步进行推广，对于叮咚买菜来说可能会是破局之道。

四、视频号将掀起内容创业者的淘金热

很多内容创作者已经在微信公众号、抖音、今日头条等平台做得很好了，还有必要做视频号运营吗？当然有。有以下几个原因。

1. 增加一个分发渠道

如果你是视频创作者，有现成的内容，那么对于你来说视频号增加了一个获取流量的渠道，而你的工作量并没有增加多少，这值得尝试。

如果你是图文类内容创作者，比如一直在微信公众号上创作内容，现在要不要增加创作视频类内容的业务呢？肯定要。观看短视频的用户越来越多，短视频占据用户的时间也越来越长，图文虽然不会被淘汰，但是打开率越来越低了。所以，如果你没有在抖音、快手上抓住短视频带来的机遇，那么视频号就是你的最佳突破口，你以往积累的粉丝也会帮助你完成视频号的冷启动。微信公众号创作者尤其有优势，因为在公众号文章中可以直接插入视频号的视频。反过来，视频号也能够给微信公众号带来巨大

的流量，让微信公众号焕发新生机。

2. 更好的变现方式

对于视频创作者来说，如何变现是一个难题。在抖音和快手上已经有了比较成熟的变现方式，但是抖音和快手上的流量主要是公域流量，视频号还可以帮助你充分利用私域流量。

另外，视频号可以触及更多高收入人群。这些人可能既不刷抖音，也不刷视频号，但他们会用微信，而视频号是可以通过朋友圈、微信群这些渠道触及他们的。所以在视频号上，你可以实现高单价商品的变现。如果你是图文类内容创作者，那么一定要把视频号＋微信公众号的打法用起来，用视频“引流”(引流是指引来流量)，进一步提高文章的转化率。

专栏 1-3

二次元社区爆炸式“破圈”增长

1. 企业简介

哔哩哔哩，英文名称：bilibili，简称 B 站，现为中国 Z 世代高度聚集的文化社区和视频平台。该网站于 2009 年 6 月 26 日创建，早期是一个 ACG（动画、漫画、游戏）内容创作与分享的视频网站。经过十多年的发展，围绕用户、创作者和内容，构建了一个源源不断产生优质内容的生态系统，B 站已经成为涵盖了 7000 多个兴趣圈层的多元文化社区。

2. 5 年增长 100 倍

《哔哩哔哩 2020 年 Q4 及全年财报》显示，B 站 2020 年实现总营收 120 亿元，同比增长 77%。B 站的营收增长非常惊人，要知道在 2015 年，B 站的全年营收只有 1.31 亿元。换而言之，5 年时间，B 站营收暴涨近 100 倍。更为难得的是，2020 年 B 站营收同比增长 77%，这个增速为 B

站上市以来最高，比 2018 年的 67% 和 2019 年的 64% 明显要高。

收入的增长还是其次。实际上，更能体现 B 站已经成功破圈的，是其用户规模的急速扩大。2020 年第四季度，B 站月活用户 2.02 亿，同比增长 55%，而上年同期为 1.303 亿，同比增速为 40%；2020 年第四季度，平均日活用户 5400 万，实现 42% 同比增长。横向对比，在月活和日活用户规模上，B 站已经接近优酷。从亮眼的各种财务数据，尤其是用户增长来看，B 站确实已经在 2020 年成功破圈。

3. 内容质量为王

在突飞猛进的高速增长背后，B 站难免也要付出巨大的代价。持续扩张的亏损是其中一个方面，同时还有比亏损扩张更严重的问题。回顾起来，B 站在 2020 年的增长策略非常清晰，两大要点就在于陈睿所说的“品牌宣传”和“高质量内容”。2020 年的视频行业充满意外和爆点，堪称精彩纷呈，其中 B 站也为行业的热闹出了不少力。从 2019 年跨年晚会一鸣惊人，到凭借《后浪》《入海》《喜相逢》的“浪潮三部曲”持续引发舆论关注；与此同时，B 站还以 8 亿元的高价拍得《英雄联盟》总决赛直播版权，并陆续出品《说唱新世代》《风犬少年的天空》《但是还有书籍》等爆款 OGV（专业机构创作视频）内容。

在话题性和优质内容的双重加持下，B 站在 2020 年实现了高效的用户和收入增长。这个逻辑很简单，先用优质内容实现对用户的拉新促活，而用户的增长，又可带来相对应的广告、会员和电商收入增长。

毫无疑问，这是一种更“重”的模式，高投入、高回报、高风险。哪怕 B 站之后仍然坚持以 PUGV（专业用户创作视频）内容为主，但是对 OGV 的持续投入，依然会为 B 站带来巨大的成本负担。我们可以看到，2020 年 B 站的净亏损明显有了进一步扩大，2019 年全年净亏损为十多亿元，而 2020 年净亏损高达三十多亿元。除亏损外，B 站更大的损失在于原本社区氛围的稀释，社区氛围的稀释也会造成 B 站用户黏性的下降。这从B站DAU/MAU的比例变化中可以看出，2019年第四季度，B站平均DAU/MAU的百分比为29.1%，而2020年同期这一数据为26.7%。从这一数据来看，B站的用户黏性正在下降。

“破圈”成功对B站而言有得有失，得到了用户和收入的增长，以及平台影响力的扩大；原本独特的社区氛围受到了一定的冲击，也失去了一定的用户黏性。

4. 破圈之后的三大挑战

无论如何，B站的成功“破圈”已经成为既定事实。站在新的起点上，回顾总结固然重要，但更重要的是，必须要为将要迎来的新挑战做好准备。总的来看，破圈之后的B站在三个方面可能需要面对远超以往的巨大压力。

第一，资金方面，B站的资金饥渴问题变得更加突出。过去，B站的亏损问题，较其他平台要缓和一些，如今伴随着B站对自制内容投资力度的加大，相应的亏损问题难免也会更加突出。

第二，内容方面，运营压力更大，监管压力也更高。过去B站就因对低俗内容审核不力，时常被指责“打擦边球”。在B站一路“破圈”的过程中，这一问题依然被频繁提及。如今其体量更大，相关的运营和监管压力自然也就更大。

第三，市场竞争方面，B站需要面对长、短视频的双面夹击。过去，B站更多地被认为是快手、抖音的竞争对手，字节跳动持续加码西瓜视频，把这种冲突更直接地呈现出来。但是伴随着B站对OGV的持续投入，B站自制综艺影视，就需要直接与腾讯、优酷、爱奇艺展开同台竞技。这样一来，B站就不得不防备同时来自长、短视频的双面夹击。

5. 总结与启示

对于B站来说，商业化和社区化就像鱼和熊掌是不可兼得的，而要注意的是，B站本身就源自社区，并且B站的核心用户始终是最早的那一批老用户。再者，在商业视频平台领域，腾讯、优酷、爱奇艺三大巨头牢牢把握着市场，想要在这一领域超越它们显然是十分困难的。所以，如何将商业与社区融合，在实现商业化的同时，保证社区环境的纯粹度，将会是B站接下来急需解决的问题。

第三节 视频号基础建设指南

既然视频号有着如此巨大的商业潜力，那么这个功能具体要如何使用呢？对于不同的个体来说，创建视频号要注意哪些问题呢？接下来将按照视频号的开通和认证、作品发布流程、视频号搭建、视频号排版、视频号封面、视频号直播、微信商店、违规行为的顺序，对如何用好视频号进行深入浅出的讲解。

一、视频号的开通和认证

1. 开通视频号

当用户第一次打开“视频号”发布视频时，就可以开始创建视频号了。当用户上传完头像、名字、简介、性别之后，就生成了自己的视频号。在这里，我们要注意三个细节。

（1）视频号名字目前一年仅支持修改两次。

（2）如果使用常用语、商标、企业机构名、名人的名字等作为视频号名字，将被提示名字不可使用。

（3）微信的名字要遵守《视频号运营规范》。

2. 认证视频号

视频号的认证分为个人认证和企业认证。就目前而言，个人视频号需要通过个人微信的实名身份认证。视频号所有认证不收取费用。

（1）个人认证。个人认证必须满足以下三个条件才可以申请：近30天发表了1条视频内容；视频号粉丝达到100人以上；已写简介。

（2）企业认证。企业视频号如何认证？企业（机构）申请认证之前需要先用实名身份认证个人视频号，也可以使用同名并且已经认证过的公众号（订阅号或者服务号）来认证。需要注意的是，视频号名称最长为20个字符，即10个汉字，这与公众号名称要求的4～30个字符有所区别。

企业认证的主要步骤如下。

第一步：点击“企业和机构认证”。

第二步：点击“开始认证”。

第三步：用管理员身份登录已认证过的公众号并扫码确认。

注意：二维码有效时长为1小时，过期后需要重新申请。

如果该公众号管理员和视频号是同一个微信，申请时页面会自动跳转至该微信号所绑定的公众号，一键授权即可完成认证。若无对应的同名已认证的公众号，可取消认证，重新选择认证方式。

二、视频号的作品发布步骤

（1）单击“发表新动态”按钮，再单击“拍摄”或“从相册选择”按钮，就可以发布视频了。

（2）在上传视频后，可以对视频进行简单的编辑，可以添加表情、文字、背景音乐，可以裁剪、自动识别字幕、变速等。如果你的视频已经是加工好的，那么单击“下一步”按钮就可以了。

（3）填写信息。信息包括封面、描述（最多写1000个字，超过3行会被折叠）、地理位置、扩展链接。

（4）在发布视频后可设置仅自己可见。先单击视频右上角的“…”按钮，再单击“仅自己可见”按钮。这样，那些你既舍不得删掉又不想被别人看到的视频，就可以隐身了。你还可以把最优秀的视频置顶，即把这条视频排在最前面，以便吸引更多人关注。

三、视频号搭建必备三件套

视频号的搭建主要依靠三个基本方法（见图 1-9），也就是用户不需要看你的视频，就能对你产生一定了解的工具，它们分别是简介、头像和封面。这三件套是一个优质视频号必备的，精心设计的三件套能够帮助视频号更好地获得用户青睐。

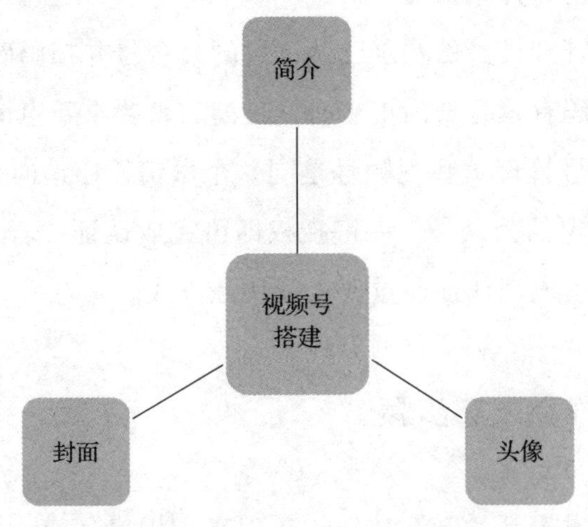

图 1-9 视频号搭建三件套

1. 简介

在关注视频号之前，很多人会先看简介。那些让人看了就想关注的视频号简介是什么样的？好的简介遵循两个原则：简单易懂，陈述利益。简单易懂的简介可以让用户快速掌握核心内容。最重要的内容要放在第一行来写，简介要控制在 100 个字符以内，大篇幅的简介会让人抓不住重点。陈述利益是指用户在看到简介后，能了解到这个视频号给自己带来什么好处。

简介有四种具体写法，如图 1-10 所示。

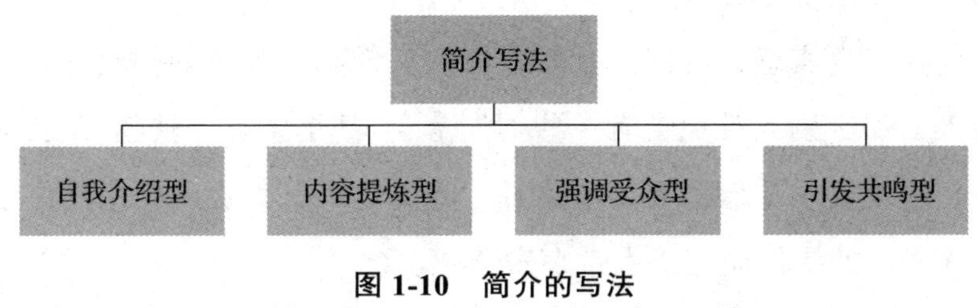

图 1-10　简介的写法

（1）自我介绍型。

如果你运营视频号的目的是打造个人品牌、树立人设，简介就可以写成自我介绍，然后把最重要的，也就是和你的视频号内容最相关的身份放在第一行。

（2）内容提炼型。

你可以用一句非常简单的话来概括你的视频号最精华的部分，介绍独特的功能和服务。

（3）强调受众型。

这种写法是指强调你的目标用户，让大家产生一种志同道合的感觉。

（4）引发共鸣型。

要写能触动用户内心的一句话，走抒情路线。

2. 头像

视频号的头像象征品位、印象、信任度，就像你外出穿的衣服一样，你一定要用心设置，尽可能地减少解释成本。对于自媒体号和博主号来说，头像的选取是不同的。这里说的博主号是指更偏向于个人展示、打造个人品牌的视频号。自媒体号是指以视频号为平台进行流量运作的个人和机构账号。

博主号的头像应该选取什么样的图片？

（1）像素高，品质好。如果想让视频号的头像更好地展示自己，那么至少要做到的是图片清晰，图片背景不要有太多杂乱的元素，人物不宜太小，图片不要被压缩变形。

（2）要有真实感、可信任。如果你的头像和视频中的外貌、气质完全像两个人，那么别人难免会有一些“失落”，甚至感觉“被骗”，会对你失去信任，这就要求头像不要过度失真。除此之外，你也不要用网络上的图片，用你本人的头像能够给人带来安全感。

（3）符合定位。头像要符合你的视频号的人设定位。如果你的视频号是艺术类的，头像就不适合放职业照；如果你的视频号是知识类的，头像就不要用非常随意的生活照。你还可以选择那些有创意、有话题性的图片作为头像。比如，你热爱美食，就可以用在瘦小的你面前有一个巨大的空碗的照片，这样容易引起观众和你互动，观众可以通过照片的反差来调侃你。

对于自媒体号来说，虽然不需使用真人照片，但是上述三点原则依然可以借鉴。你可以从网上找到符合自己内容定位和调性且没有版权的图片来做头像。当然，你最好单独设计一个头像。直接用别的品牌的 Logo 来做头像的行为是绝对不可取的。

3. 封面

当观众翻到你的视频号主页的时候，占据最大画面的是你的所有视频的封面。当视频被转发到朋友圈、微信群的时候，展示的只有封面。封面能够体现你的视频号的整体风格是活泼可爱的、简约高级的，还是个性有趣的等。视频封面的重要性不言而喻。

什么样的封面才是好封面呢？封面至少要有视频的标题，要让观众在看到后就知道视频的内容是什么，而好封面还要在此基础上足够美观，且符合自己的内容调性，有自己的风格。封面的元素不要太多，简单的视频号名字加上关键性元素即可。

四、视频号排版小技巧

第一，在上传视频号作品前，需要关注的是它的尺寸比例。目前视频号官方公布的竖版比例为 6：7，分辨率为 1080×1260；横版比例为 16：9，分辨率 1080×608。其中视频号的竖版比例明显不同于抖音、快手，后两者的竖版比例为 9：16，分辨率为 1080×1920；横版比例为 16：9，分辨率为 1280×720。因此，关于竖版比例不同的观感最明显，讨论也最多。

第二，视频上传之后，用户的名称、头像与标题、转发、点赞、评论等信息将分别位于视频的上下两端，比较显眼。相比较抖音、快手占据全屏的“沉浸式”观感，视频号的上下留白界面则更兼顾视频与文字。在不影响竖版视频尺寸的前提下，可以将其导入 6：7 的纯色背景上，通过左右两侧留白来实现满屏的效果，但沉浸体验感还是会差于原本 9：16 的竖版比例。对于想要在视频号这个赛道掘金的创作者来说，如果能调整出适应视频号尺寸比例的视频，未来的竞争力与发展潜力或许更为长久。

第三，相比于差距较大的竖版画面，视频号与抖音、快手在横版画面上的表现基本一致，不影响原画面展示。值得一提的是，虽然横版尺寸不受到影响，但由于视频号无间隙的信息流展现形式，横版视频很难占据整个屏幕，下端容易出现其他视频号的内容。因此，不少横版视频同样也会采用 6：7 比例的竖版尺寸，通过上下留白、两端添加文案，呈现出满屏的效果。不过考虑目前大部分视频软件暂时没有上线 6：7 的比例，所以可以先在剪辑软件中导入 6：7 比例的背景图，通过画中画的方式，再添加视频，最后导出视频的比例就是 6：7 了。

五、视频号封面设计套路

如果你本身会做设计，那么做一个封面对于你来说就很容易了。如果你不会设计怎么办呢？别担心，现在有很多做封面、海报的应用，用手机就可以做出精美的封面。

不过还是存在宽高比的问题，如果你的封面的宽高比需要 1：1 或者 16：9，那么很多应用都可以满足你的要求，这些应用内置了很多宽高比为 1：1 和 16：9 的模板。你只要选择适合自己的模板，修改文字和图片就可以了。虽然文字壁纸的宽高比是 9：16，但是你可以发现，大多数文字都只占据一部分画面，有空余的部分可以被裁剪掉，使其成为 3：3.5 的图。你可以选择某一个封面，每次只修改文字就可以；你也可以选择同类型的几个封面，轮流使用。比如，应用里有很多模板都是纯色背景的，你可以用在你的视频号里的不同视频上，它们会让你的视频看起来既风格统一，又内容丰富。

其实制作一个好的封面并不一定要多么复杂，难点就在于，找到符合你的内容调性且相对美观的展现形式。你可以参考本节讲的方法和案例，花时间思考、尝试，也会做出完美的视频封面。

六、视频号直播开设及流程

视频号的直播功能是自动开通的，如果没有开通，你就耐心等待，因为它有一个灰度测试的时期。视频号直播没有店铺直播的功能强大，也没有那么多功能，只能用手机直播，但它有自己的优势。和店铺直播“藏”在视频号主页——小商店里不同，官方对视频号直播的推广力度很大。首先，从入口来说，“发起直播”按钮和“发表视频”按钮在一起，也就是直播和短视频的地位一样。

在单击“发起直播”按钮后，可以选择直播或者直播预告。如果单击“直播预告”按钮，直播预告就会展示在视频号主页。

在直播开始后，你的视频号粉丝会在他们的视频号“关注”栏中看到“直播中”，在单击“关注”栏后可以看到直播是展示在最上方的，短视频在下面展示。在“朋友”栏中，你的微信好友看过的直播都会置顶显示。由此可见，视频号对直播非常重视。

七、微信小商店开通基础操作

在进入视频号设置页面后，单击“我的小商店”按钮，再单击“免费开店”按钮。选择创建类型时，如果你有公司，就可以选择“企业 / 个体户”选项，相对来说，企业店铺的功能更丰富；如果你没有公司，不能提供营业执照，就选择“个人”选项，个人店铺的功能也足够用。

（1）新增商品。在小商店创建成功后，在视频号主页简介的下面就挂上了小商店的小程序。单击“我的小商店”按钮，在“功能”页面可以新增商品进行售卖。

（2）如果你没有货源，那么可以在小商店首页单击“我要带货”按钮，选择来自拼多多和京东的有佣金的商品，只要卖出商品，就可以获得相应的佣金。可以按照品类筛选商品，也可以直接从京东或拼多多上复制商品链接，并把商品链接粘贴在输入框，搜索相应的商品。

（3）在小商店中，还可以进行店铺直播，点“店铺直播”按钮。店铺直播不仅可以在手机上设置，还可以登录网页版微信小商店设置，功能很强大。你不仅可以用手机直播，还可以选择用推流设备直播。手机直播就是在直播时用手机摄像头拍摄，用手机摄像头拍的是什么，画面就是什么；推流设备直播是指你可以在电脑上用第三方推流设备（如 OBS）来发起直播，在直播时可以用电脑摄像头拍自己，也可以播放电脑画面（如演示 PPT 等）。

（4）店铺直播还有回放、评论、商品货架等功能，你也可以进入直播间的控制台进行导入商品、创建抽奖等操作。

八、视频号五类违规行为

视频号在运营过程中要严格遵守视频号运营规范，否则就会出现“视频号动态被限制传播”的提示。违规行为主要分为五类。

1. 头像、名称、主页封面、简介、内容违规

不可带有如引导关注公众号、其他平台账号、添加个人微信、二维码、营销信息、敏感词等涉嫌导流的内容。名称不能直接用代表行业资质的词命名，如新媒体运营师。违规将被清空、删除对应内容，多次违规还会被限流、降权、封号。

2. 侵权违规

视频内容含有版权商标等权利标识（如其他平台水印、Logo 等）会有侵权风险，平台会对其进行限流。

3. 禁止仿冒、抄袭他人

视频号名称具有唯一性，禁止仿冒他人身份发布内容，故意让用户产生混淆。早期就曾有用户假冒“朱一旦的枯燥生活”在视频号发布搬运内容，引得一波关注后被重置昵称、清空头像和主页封面，侵权内容也被删除。除此之外，抄袭他人被举报，作品将被直接下架，多次违规甚至会被封号。由此看出，视频号主张原创内容。

4. 运营违规

禁止未经允许使用第三方插件；禁止传播其他平台识别码、口令类信息；禁止利诱用户进行分享、关注、点赞和评论（比如以某种奖励进行诱导，包括但不限于：邀请好友拆礼盒，集赞、分享可增加一次抽奖机会等）。

5. 恶意注册

禁止批量注册大量相似视频号；禁止提供虚假信息、使用违法侵权信息注册视频号；禁止买卖视频号及利用相关功能刷粉、刷量。

第四节　视频号的四大营销法则

一、IP 商业力

“个人 IP”是一个人的价值被内容化、标签化，是指个人在经过宣传推广后，被粉丝或关注用户所认可，并在他们的意识中占据一定位置。

在 2020 年的商业环境下，每个人都可能成为一个 IP。由于各平台特性不同，比如抖音、快手适合大众化、泛娱乐个人 IP 快速涨粉，而视频号作为公众号的延伸，特别适合专业知识或技能类个人 IP 的打造。在打造个人 IP 前，首先需要找好三个核心，如图 1-11 所示。

个人IP核心	
	1.你有什么技能？
	2.你能打造什么IP？
	3.用户为什么需要你？

图 1-11　打造个人 IP 的三个核心

个人 IP 要实现商业变现，需要注意以下几点。

第一，清楚地告诉别人你是谁。简介是快速了解个人 IP 的窗口。以下简介可供参照：我是谁，专注某领域多少年，服务过哪些客户，擅长处理什么问题，有哪些成功案例，我将在视频号里展现什么，你能从我这里获得什么价值。

第二，能持续输出专业且可快速传播的内容。每个领域的专业知识或技能都在更新迭代，与时俱进，甚至引领行业发展，因此需要持续输出最新专业知识或技能，以便被粉丝认可，形成标签，并在他们的意识中占据一定位置。

第三，除专业之外，还需塑造情怀。专业是硬价值，是 IP 的立足根本。情怀是软实力，让IP更加鲜活，具有生命力。在快速吸粉、扩大影响力方面，情怀的作用不容小觑，甚至在客户转化过程中，能促成变现。

第四，“个人IP”产品化或服务化。变现需要通过产品或服务来交付，打造个人IP和资源相匹配的拳头产品或服务是实现快速变现的必要条件。

第五，构建“视频号+公众号+微信+朋友圈+社群+直播”组合玩法。视频号的时长限制在1分钟以内，对个人专业程度展现有一定的局限。公众号可兼容图、文、视频等多种展现形式，同时可通过“阅读原文”外链其他知识或技能传播阵地，形成枢纽中心。“视频号+公众号”组合可作为知识或技能分享、专业标签塑造的主阵地；微信可用来沉淀意向客户；朋友圈可用来持续分享，促进成交转化；社群可用来留住“铁杆”粉丝，裂变拉新；直播可作为专业分享或交付、深化专业标签打造、扩大影响力的手段。这套基于微信生态的组合玩法总结起来，就是以用户思维为导向，拉新、养熟、成交、裂变。

二、爆款内容运营

短视频越来越火，越来越多的人怀着一腔热血开始自己做视频号，宣称加入短视频大军，但是不少人在做了一段时间后，发现播放量上不去，粉丝寥寥无几，迎头被泼了一盆冷水，于是打起了退堂鼓，逐渐萌生退意。这里很大的问题就是内容缺乏规划，想到哪拍到哪，导致账号内容混乱不堪。因此，在做视频号之前，首先要做的就是内容规划。内容规划包括定位、脚本创意制作、内容呈现、视频号团队分工、视频素材来源等。

内容规划做好了，等于盖楼房时打好了地基，这是打造爆款账号的基础。内容规划和运营的三个要点如图1-12所示。

图 1-12　内容规划和运营的三个要点

第一是定位。明确这个账号的定位是什么，要做什么类型的内容。一个账号最怕什么类型都做，这样会导致整个账号的内容杂乱无章，缺乏垂直性，无法在受众心中形成独特、鲜明的标签。那么，有哪些类型的视频号比较受欢迎呢？

第二是脚本创意。脚本是指表演戏剧、拍摄电影等所依据的底本。短视频脚本则是指拍摄短视频所依靠的大纲底本。脚本是视频制作里的重要组成部分，摄影师、演员、剪辑师、道具师等视频制作相关人员都严格按照脚本工作。脚本中最核心的是分镜头脚本，它是拍摄及剪辑的具体指导依据，是内容大纲，也是制作团队的指导方向。

第三是视频号的运营。运营也可以分为几个部分。首先，是细分市场，视频号运营者可以通过视频号的价值创造、竞争能力、附加价值及试错成本来决定视频号内容的细分程度和方向。其次，要通过展示让粉丝认同自己、信任自己，不断积累粉丝数量。展示可以通过账号 ID、账号认证及简介等进行。除此之外，还可以通过封面、特效、视频风格等方式吸引用户的眼球，让他们对你的视频号感兴趣。最后，要重视视频号的后台数据，数据漂亮以后，视频号平台就会给你更多的流量引导。

专栏 1-4

互联网教育困局如何打破

1. 企业简介

猿辅导在线教育成立于 2012 年，经过多年深耕教育领域，已为用户打造学科教育与素质教育相辅相成的丰富产品矩阵。据了解，猿辅导在线教育目前涵盖猿辅导、小猿搜题、小猿口算、猿题库、斑马AI课等多款在线教育产品，涵盖从学龄前到小、初、高全学段，猿辅导帮助学生完成系统性、高效率的学习闭环。目前为止，猿辅导在线教育已为全国4亿注册用户持续输出了个性化的高品质在线教学服务，其中两大网课品牌“猿辅导”和“斑马AI课”成为国内学龄前最大的在线课程学习平台。

2. 互联网教育精细化发展

随着互联网+5G的快速发展，中国在线教育产业越来越精细，各领域在线教育产品和内容更集中。在线教育行业在享受发展利好的同时也面临着激烈的竞争，以猿辅导为代表的在线教育平台，成为在线教育产业精细化发展的代表。

资料显示，猿辅导在线教育总部位于北京，分公司分布在长沙、长春、成都、西安、武汉、沈阳、南京、郑州等12座城市。猿辅导在线教育成立多年来，员工已经突破3万人，获得了腾讯、IDG资本、经纬中国等著名投资机构投资，猿辅导在线教育目前估值超155亿美元，成为国内在线教育领域的独角兽公司。

随着在线教育不断发展，想要从众多品牌中崭露头角，不仅需要输出知识和服务，更为重要的是要有对教育的初心。猿辅导在线教育凭借稳健发展的实力以及不断下沉发展的潜力，成为行业内不容小觑的力量。作为在线教育的头部企业，猿辅导在线教育将继续秉持教育初心，持续深耕教研和科技领域，为用户提供更加满意的教育服务，推动在线教育行业正向健康发展。

3. 总结与启示

猿辅导抓住了互联网教育精细化发展的趋势，推出多种多样的在线教学功能，从最早的小猿搜题开始，就时刻跟随着用户需求和行业发展。在经历流量瓶颈时，猿辅导改变通过扩张推动发展的模式，通过增加产品附加值的方式增加收入。

三、私域流量生态

不是私域流量突然火了，是“私域流量”这四个字突然火了，私域流量早就有，只是叫法不同而已。私域流量和公域流量的区别本质上是流量的所有权和使用权的归属不同。公域流量只有使用权，类似于搜索流量，用完即走；而私域流量拥有所有权，可以作为用户存储池。

第一，私域流量之所以火了，是因为与它对立的公域流量衰退了。顾名思义，公域流量是公共的流量。说到公共的流量，就好比百货商场，百货商场最大的问题是它看似流量很大，很多人从店门前经过，但进店的人寥寥无几，购买的就更少了。公域流量看似很大，但需要费尽心思让别人停留、消费。所以，大批品牌每天都变着法地打折、促销、搞活动，就为了在人流最大的几天去分一杯羹。商家也越来越发现，对于这些公域流量自己不可控，这些公域流量并不属于自己，而且竞争越来越激烈。目前的商业大环境里，类似百货商场这样的公域流量平台还有很多，如淘宝、天猫以及各大社交媒体平台等。

第二，不管你是做传统行业，做电商，还是做微信公众号的自媒体人，都不可否认：2019 年生意难做、粉丝难涨，钱越来越难赚。原来能舒服赚钱的生意，现在赚得少了；原来还能赚点儿钱的生意，现在已经做不下去了。线下店铺获客成本高，租金高涨，人流量少，员工难招，消费者进店，咨询的多，消费的少，消费者离开时一丝信息都留不下，后续转化非常困难。长此以往，店铺经营困难，几乎无路可走！电商的流量成本越来越高，多数卖家想要有销量，只能打价格战，靠低价走量永远有人可以比你更便宜。比天猫便宜有淘宝，比淘宝便宜有拼多多，到头来没有工厂供应链优势的卖家只能给平台和员工打工了。有工厂的卖家稍微好一点，但也只是把自己变成了一个批发商。一年辛辛苦苦做了上亿元的营收，年终一算利润还没有账款高，不盈利的企业做它干什么？

四、视频号商业变现

谈到视频号的商业变现，就不得不提传统短视频的变现方式。抖音以广告变现为主，快手通过带货赚得盆满钵满。

对于视频号来说，变现可以分为流量变现、内容变现以及复合变现。

1. 流量变现

流量变现可以发挥自身的最大优势，让手中的流量创造出最大的价值，在这里流量的价值主要体现在以金钱为代表的物质财富。流量变现是一个动态的过程，在这个过程中我们把流量分发出去，打造有价值的产品和服务，并通过产品和服务获得商业回报。这样看来，所有的商业活动的最终目标都是流量变现。

2. 内容变现

内容变现是指通过输出内容，打造 IP，最终通过内容产品实现变现。内容变现的核心就是通过内容创作者的工作，产生具有价值属性的视频产物。其关键就在于如何生产出附加值更高的作品以及如何使作品在变现中的价值最大化。这里要明确的是，视频号本身是不具有价值属性的，所谓的变现是通过视频号将价值物转换为现金。所以，视频号的商业变现也可以理解为探索如何更好地使用视频号，使用好视频号就是商业变现实现的基础。

3. 复合变现

复合变现是指通过和多种原有的商业模式进行组合，从而发挥更大的作用。这些传统的变现模式在目前这个社会环境下或多或少遇到了一些问题，而视频号可以将微信这个巨大的流量池开发出来，短小精悍的短视频通过社交链条传递，只要质量过关，就能快速获得流量。拥有流量的创作者可以通过品牌合作、带货的方式实现持续盈利。综上所述，复合变现实际上是用视频号的优势弥补传统行业的短板。

快手：短视频行业的“新”变革

1. 企业简介

快手成立于2011年3月，最早只是一款用于制作GIF图片，也就是现在常见的动图的软件。在2012年11月，快手将原有的工具应用定位更改为短视频社区，在这个社区里，用户可以记录、分享自己的生活。

2. 破圈的快手

在发展的过程中，快手始终不愿意被他人定义为单纯的短视频平台，或者说土味视频平台。根据2020年上半年数据，在快手用户中，大部分用户来自三、四线及以下城市，并且收入水平基本都在3000～5000元，25岁以下用户占比高达50%。如此年轻的受众意味着，快手社区的娱乐氛围十分强烈。快手中的内容大多是接地气的土味视频，而抖音的内容潮流性更强，这也是快手和抖音在内容上的区别所在。为了打破受众单一的问题，快手在错失签约罗永浩的机会后，重金签约了流行音乐天王周杰伦。周杰伦的快手账号在刚注册完的两个月的时间里便涨粉3000万，除此之外，周杰伦所带来的品牌效应还为快手社区提供了更多新鲜的元素和话题讨论度。

第一，除了增长流量，破圈还能为快手带来更大的商业变现价值。作为对比，抖音在2019年的广告收入已经达到了600亿元人民币，字节跳动将近一半的营业收入都来自抖音的广告收入，而快手在2019年的广告收入只有130亿元人民币，这和快手的用户群体分布相较于抖音更加单一且集中于年轻人有关，年轻人的消费能力较弱，比较难以吸引广告主。而抖音的用户年龄分布较为平均，投放广告时效果会更好。所以，最终体现出来的就是两者接近五倍差距的广告收入。

第二，对于快手来说当务之急就是要调整社区环境和用户分布情况，平台破圈以后还需要进行其他运营。比如，整理社区，将原先的土味视频集中于某一个专区中，就像B站之前调整二次元内容一样。这样既可以保证原有用户可以正常接收自己喜欢的内容，平台核心内容不会动摇，还可以不断拓宽平台涉及范围，引入多种多样的话题讨论，吸引更多的不同年龄层的用户加入快手。

3. 推进产业化进程

2021年，快手成功在香港证券交易所上市，作为短视频平台首批上市公司，快手上市不到一周市值达1.65万亿港元，位居港股第七名。作为对比，快手目前的市值大约是腾讯的1/5，茅台的2/5，小米的2倍，同时也超过了目前A股传媒行业所有上市公司市值总和。

2020年，快手制定的三个战略方向分别是：上下滑、南方、产业化。上下滑，指的是推广快手极速版，吸引更多的用户。目前快手极速版的日活跃用户已经超过了1000万。南方，指的是快手覆盖较为薄弱的地方。在短视频行业流行的一句话叫作：南抖音北快手。所以，南方是快手未来主要的用户拓展方向。产业化，是指快手通过短视频＋产业的方式，发展多种多样的产业。比如，2020年年底，快手注册了“老铁支付”商标，开始布局支付业务。围绕着短视频，快手正在不断拓展自己的商业版图。

4. 行业的流量纵深

如果说，2017—2019 年是短视频行业飞速增长的三年，那么到了 2020 年，短视频行业似乎已经到了流量瓶颈。2020 年，短视频用户规模增长率仅 15.2%，相较于前两年增速放缓十分明显。造成这一现象的主要原因是短视频用户数量天花板的到来。根据《2020 中国网络视听发展研究报告》显示，2020 年 6 月，视频用户规模已经达到了 8.18 亿。接近 90% 的网民使用短视频应用，短视频应用成为仅次于通信类应用的热门应用，几乎每个人的手机里都会有短视频应用。

第一，面对增速放缓的现象，爱奇艺将长视频与短视频之间的中短视频独立出来，作为新的增长点。随后，西瓜视频将这一概念定义为中视频。作为社交平台的微信、小红书、微博和知乎等也推出了旗下的短视频业务。比如，微信的视频号，知乎的视频专区。

第二，微信视频号于 2020 年年初上线，截至 2020 年年底，微信视频号的日活跃用户达到 2.8 亿，这一数据与快手已经十分接近。而有趣的是，根据互联网数据不准确统计，微信视频号用户和抖音用户的重合率在 5% ～ 10%。这就意味着快手费尽心思想要开发的用户已经几乎落入微信视频号手中。短视频行业的同行，比如好看视频、西瓜视频等，也在不断地缩小与快手的差距。这些第二梯队的市场份额从 2019 年的 22% 升到了 25%。虽然增长速度缓慢，但是同样对快手产生了威胁。这也就意味着，虽然短视频行业进入了存量竞争时代，但是依然有着大量竞争者。面对竞争，内容进化就成了唯一的出路。

第三，长视频内容制作者进入短视频领域以后，创作出了微短剧概念。2020 年 10 月，快手开始着手发展精品微短剧。目前，快手平台上播放量过亿的微短剧超过了 2500 部。这些剧集，不仅来自 MCN，还来自开心麻花、米读等大型内容创作平台。微短剧是一个新兴的具有潜力的短视频类型，微短剧的发展是短视频内容垂直化的一个缩影。除此之外，快手还基于自身的社区属性，强化自身的垂直性。从2019年年底最早的6个子项目到如今的36个，快手早已在分类垂直频道领域深耕多年。其中最典型的代表，就是以汽车内容为主题的快说车。快说车频道设计了一整套将厂商、经销商纳入其中的营销模式。品牌可以通过账号展示信息，发布相关视频，这些视频会被放到公域流量广场。利用品牌的磁力矩阵对潜在可能用户进行识别，在平台上可以进行统一的营销资源分发。

5. 直播、短视频和带货

据数据显示，截至2020年3月，电商直播用户规模就已达到2.65亿人，占整体网民规模的29.3%。那时或许很难想象，一些在当时看起来很难完成的直播电商KPI在这一年里会翻倍达成。

首先，疫情是第一个变量。疫情期间，各大线下品牌纷纷涌入直播带货。过去打低价战的直播带货行业，自然也欢迎高价高质的品牌进入。疫情也让线上生活的比例大大增加，根据Mob研究院《2020中国短视频行业洞察报告》显示，2020年，短视频用户1—2月环比增长率达2.4%、1.6%，为全年最高。

其次，当短视频遇上电商直播，快手快速反应入局直播电商。快手的直播方式有几个特点。

（1）直播人员上，快手主播大多是素人。面朝科技的数据显示，2019年12月—2020年5月，抖音销售额TOP10里3个为明星主播，直播场次分别为34场、2场、16场，而快手TOP10主播均为素人，带货场次与带货额较为稳定。

（2）货品供应上，相较于传统电商平台，快手的货物供应存在着很大的短板，快手选择了和供应链进行合作的方式。2020年5月，快手与京东针对供应链、品牌营销、数据能力共建等领域达成合作。

（3）在大型购物节日前与传统电商平台达成供应链合作，保证了二者在电商大促这样关键节点的存在感。《小葫芦：2020 直播电商白皮书》显示，在 6—8 月相应的时间节点，快手与抖音的直播电商销售份额各有提升。和传统电商的合作，意味着一次思路的转型，快手成为京东的大卖场，用淘宝之外的传统有货电商供货，结合有流量的直播电商做渠道。在 2020 年里，快手电商 GMV 获得了高增长。截至 2020 年 11 月 30 日，快手电商 GMV 已经达到了 3226 亿元，超越了 2019 年全年 GMV 的 5 倍。高 GMV 背后，低货币化率成为隐忧。2020 年上半年，快手电商货币化率为 0.66%，同期的阿里巴巴、京东和拼多多均在 3% 以上。这表明，GMV 增速神话实际上是由平台大量让利而得以实现的。

总之，2020 年的直播电商以疫情为契机迅速增长，进入巨头跑马圈地时期。

6. 总结与启示

快手作为中国短视频第一股，上市之后以惊人的市值一时间成为热议，而当热度退去，快手的短视频道路要如何走下去成了问题。就目前情况来看，一方面要调整用户年龄结构，面对微信视频号等新短视频平台的调整要积极求变，调整内容结构，吸引更多元化的用户。同时在直播电商领域，快手的素人直播带货策略十分成功，但需要注意的是供应链和主播马太效应。

本章小结

在后短视频时代，流量红利逐渐减少，如视频号一般精耕流量价值的短视频平台将会在未来的竞争中占据优势。作为腾讯旗下短视频的唯一主力，视频号享受着腾讯生态的大力支持，从视频号用户才能创建红包封面就可见一斑。再者，视频号和抖音、快手不同，它是生在一个生态之中的，其他短视频是为了打造生态而出现的，就像抖音开始做支付，快手做电商。早就区域成熟的生态，让视频号只需站在巨人肩膀上更进一步。总之，在环境、生态、流量三重作用下，微信视频号的价值是毋庸置疑的，变现能力相较于快手、抖音，在私域流量的加持下也更加强大。如何运营好视频号将会是 2021 年个人以及各行各业寻求突破的关键点。

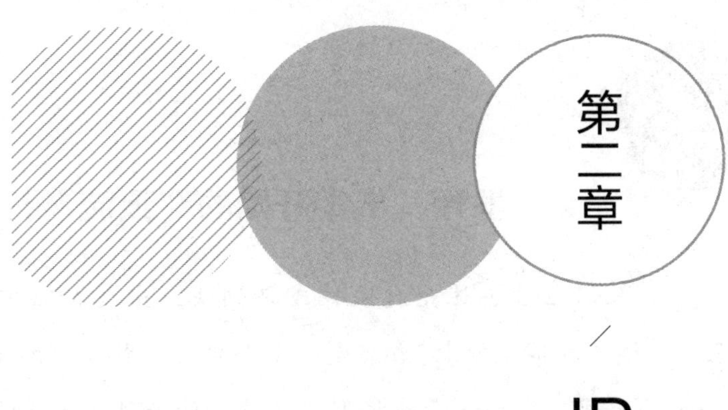

第二章 IP商业力

不但需要从个人 IP 的商业时代、个人 IP 的定位打造、个人 IP 的营销策略三大方面对个人 IP 商业力进行赋值，而且需要对与个人 IP 的定位传播、个人 IP 的底层逻辑、IP 的呈现方式、个人 IP 的营销策略等方面进行一系列的系统分析。

当内容没有发展起来，大家都以流量为主，而未来，内容 IP 扮演的角色越来越重要。IP 是制高点，大家都是跟随这个知识产权。

——腾讯公司现任董事会主席、CEO　马化腾

开章案例

罗翔：从零开始的“顶流”打造

当人们在过去谈论起法律或者刑法，出现在脑中的通常是“专业性强”“远离人们生活”，或者是一个个自己不曾了解的事情。但是，随着一个人的出现，我们慢慢地将刑法通过另外一种方式接收到了我们的生活之中。他利用自己的语言将一个个案例生动地展示在了他的课堂与视频当中。这个人，就是罗翔老师。也许在以前你并不知道他究竟是谁，但是当打开各大视频软件，对刑法进行搜索，进入到你眼中的一定有罗翔老师。在2020年3月9日，罗翔老师正式入住B站，虽然在开始仅有短短的三个视频，并且没有高大上的视频剪辑手段，其在B站经过5天时间收获了超过一百七十万的粉丝。罗翔老师及其口中的“法外狂徒张三”已经成为许多人口中津津乐道的话题。

1. 罗翔个人简介

罗翔，湖南耒阳人。其毕业于北京大学。曾在2005年获得北京大学法学院的刑法学博士学位。2009年至2014年在美国进行学者访问。罗祥曾获得过许许多多的荣誉，自2008年开始入选为法大最受本科生欢迎的教师，2018年入选法大首届研究生心目中的优秀导师，2020年荣获“CCTV年度法制人物”。自2018年开始，其学生与粉丝将其授课视频上传至各大平台，在罗翔老师正式进入B站之前，很多人都已经通过其他的平台对其有了一定程度的了解。看似罗翔老师在入住B站之后涨粉飞速，实则是早期已经在B站对罗翔老师的IP进行了一定程度上的积累。“罗翔说刑法”这个账户在三天时间收获了超过百万的粉丝，并且在B站上成为了第二个超过千万粉丝的账号。同时，罗翔老师也参与了《脱口秀大会》《十三邀》《今日说法》等一系列节目，使得罗翔老师的人气又获得了进一步的增加。

2. 个人 IP 分析

一个 IP 在经过很短的时间就进行了一定程度的热度积累，这在互联网时代是很常见的，但是像罗翔老师这样获得如此高的热度，可能是比较罕见的。在对罗翔老师的视频进行了一定的分析后，我们可以发现其视频具有一个特殊的构建方式，如图 2-1 所示。

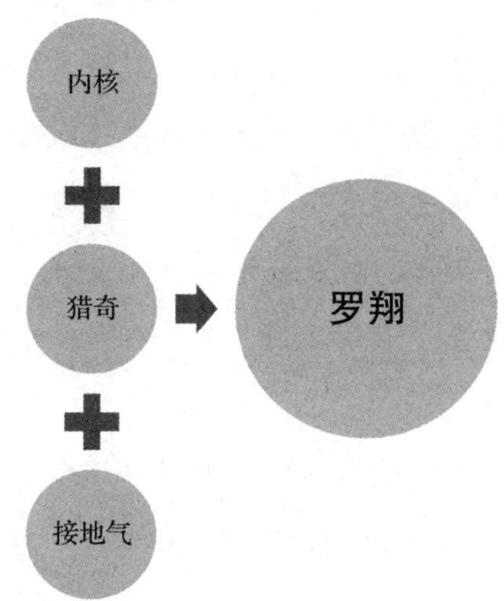

图 2-1　罗祥视频的构建方式

（1）内核：远离生活又密不可分的矛盾综合体。

对于一般人来说，刑法可以说是远离人们生活，但是又与人们生活密不可分的。人们平常可能接触不到刑法，并对刑法的印象是“刻板”“专业”等，但是刑法中规定的东西又是与人们生活息息相关的。在视频平台上，人们平常很少会对这方面进行关注，并且一些视频作者分享关于刑法的视频有一定程度的漏洞。罗翔老师通过其多年的教学经验及在这个领域中的专业度，对许多案件进行了专业且独到的分析，让人们对于刑法在一定程度上有了专业的了解。

（2）猎奇：奇葩问题直击人们眼球。

点击进入罗翔老师个人主页，人们会发现罗翔老师发布的视频名称就是一朵奇葩。像是“养的狗咬了人，主人需要坐牢么？”这类奇奇怪怪的问题。你会在视频之中发现一系列有着种种转折的故事。同时通过B站独特的互动机制，观看者可以在观看中参与互动，在视频公布答案之前自己先对答案进行猜测。这种方式可以加强观众对于视频的印象，同时增加对于IP的黏性。

（3）接地气：用大众眼光看待专业内容。

罗翔老师通过构建了“法外狂徒”张三这个角色，将刑法用一种接地气的方式对观看者进行了一定程度的科普，同时将一些具有内核的东西对观看者进行一定程度的输出。这种方式可以迅速地集中大众的注意力，让观看者可以更好地对视频进行反馈。另外，罗翔老师视频之中很多都是其在现实中给学生授课的场景，观众会发现罗翔老师在进行授课的时候从不端着架子，而且其造梗能力十分之强，甚至在对一些案件进行分析的时候会将自己代入。

在罗翔老师的视频中，我们可以发现以上三个特点，并且这三个特点现在也慢慢地成为罗翔老师这个IP独特的标签。

3.“法治之光”

在罗翔老师爆火之后，他过去的事情也逐渐被浮现在了人们的视线之中。人们可以在罗翔老师的视频中发现其幽默风趣、充满智慧的一面，但是没有人知道他以前是一个极其内向的人。通过罗翔老师的刻苦努力之后，他变成了现在观众口中的“正道之光”。人们在看罗翔老师视频的时候可能会哈哈大笑，但是在看完之后，人们又会对这个风趣的老师心生尊敬。罗翔老师敢说。有一些话，其他的视频制作者可能会怕失去一些粉丝而不敢去说，而罗翔老师并不在乎这一点。他愿意在其视频之中对于正向价值观进行传导。同时，罗翔老师在其学生问其要签名的时候，并不同于其他老师会签一些类似“逢考必过”的话语，罗翔老师只会向其学生签“做法治之光”这几个字。这种传递正确价值观的方式可能才是罗翔老师成为“顶流”的原因吧！

第一节　个人 IP 的商业时代

随着这个社会的逐步发展，传统的广告投放模式与运营方式已经变得不再像以前那样无往不利。越来越多的人发现流量才是这个时代的王道。通过用 IP 的方式将需要推广的产品进行介绍变成越来越多人的选择。这次的发展不仅能让人们获得实际的经济利益，同样也给人们提供了长期发展的想象力。在这个时代，如果拥有一个十分强有力的个人 IP，将会为发展提供强大的驱动力。

一、个人 IP 的底层逻辑

首先需要对三个方面进行一定的定义：什么是个人 IP ？为什么要做个人 IP ？个人 IP 具有什么样的特点？

关于 IP，大多数人在接触 IP 的时候首先接触的可能是 IP 地址（Internet Protocol Address）。但是在本章中，我们所讨论的 IP 是另一个东西——知识产权（Intellectual Property），并且在当下，大部分人所讨论的 IP 更多的都是在这方面。知识产权是指“权利人对其智力劳动所创作的成果和经营活动中的标记、信誉所依法享有的专有权利”。知识产权一词产生于 17 世纪，但是在 20 世纪末尾，知识产权才在世界上大部分法律体系中达到完善。传统上，知识产权包括专利、版权、商标和商业秘密等。知识产权法的主要目的是鼓励创造各种知识产权。为了实现这一点，法律赋予人们和企业他们所创造的信息和知识产品的财产权，通常是在有限的时间内。这为他们的创造提供了经济激励，因为它使人们可以从其创造的信息和知识产品中获利，这些经济激励措施有望刺激创新并为各国的技术进步做出贡献。对于个人 IP 来说，指的是一个个体对某种知识或者创作产品的占有权。在当今的互联网时代，它可以表示一个 Logo、一个知识体系、一个名称、一个群体，甚至是一个部分自带流量的内容。当人们提起这件事情的时候，我们就可以联想到这个 IP。同时，个人 IP 并不一定是只有名人才能进行创造。虽然我们在提到电商的时候就能想到马云，当我们提到搞笑明星的时候就能想到周星驰，这都是一些顶级 IP 的代表。但是，随着短视频平台与一些视频号、公众号的兴起，平常人也都可以拥有个人 IP。比如 Papi 酱，现在我们提到一个集才华与美貌于一身的女子，我们就会想到她，而当时 Papi 酱这个个人 IP 也是从普通人开始做起的。所以，个人 IP，就是我们能在某个领域对其进行联想，或是其能够为这个圈子提供价值，能够让更多的人对其进行关注。

了解了个人 IP 之后，我们需要关注的另一个点就是为什么要做个人 IP。在这个商业时代，如果做好一个个人 IP 就可以为你带来许许多多的价值。而个人 IP 可以帮助塑造品牌，并且在一些方面帮你增加信任度，提升一系列的转化率。目前，在各大平台上，很多人都开始对个人 IP 进行一系列的构建。人们在观看了一个人分享的视频之后，如果觉得喜欢可能会对其进行一键三连。在进行这些操作之后，系统的算法会经常对你进行类似视频推送。如果这个 IP 在视频之中对其商品或服务进行推荐，观看者很容易就会购买。在平台上你会发现许多博主都经常分享一些领域之内的视频，这些视频分享就是对个人 IP 进行的一系列的构建。

之后，我们就需要了解个人 IP 的一系列特点。个人 IP 的本质是粉丝经济，而有粉丝的地方就有口碑的传播，就有网络效应出现的可能。当然，网络效应需要有适合的产品表达方式。个人 IP 可以很好地将网络效应进行传播，因为在个人 IP 塑造的时候是对特定领域进行一系列的挖掘。这可以清晰地观察群体引起的价值迁移。

二、个人 IP 的商业价值

在进入互联网时代之后，IP 所能体现的商业价值被全面释放。IP 在最开始只是为了对个人的劳动成果形成保护。在当今的社会，如果需要进行商业模式的运转，IP 则会在原有的价值基础上拥有更大、更多的额外价值与附加价值。同时，在 IP 商业化之后，其获得了更大的价值空间，也可以通过一个 IP 来产生千千万万的衍生品。

对于一个 IP 来说，其可以与许多资源进行一系列的联动，例如小说、音乐、视频、游戏、动漫、手机、电视、VR 设备，甚至体育。这样一来，一个 IP 的价值便扩大了数倍。利用一个大平台还可实现完美的互动。

IP 虽然有价值，却非常有限。如果想单纯地靠其自身的价值去实现赢利，则可能“火”一把就会彻底销声匿迹。从商业角度讲，这肯定是不行的，因为如果要的是持续赢利。这就需要用商业的思维去深度挖掘，让一个单一的 IP 具有再生长的能力、具有持续创造的能力。

很多投资方、影视文化公司或者制作团队，正是看重了 IP 本身的价值及其可能延伸出的价值，才决定投入大量的人力、物力、财力。IP 的价值体现在两个方面：一个是价值衍生，另一个是价值再造，如图 2-2 所示。

图 2-2 IP 的商业价值构成

1. 价值衍生

价值衍生指的是 IP 本身的价值。

如果一个个人 IP 拥有百万粉丝，同时能持续推出具有价值的内容，那这个 IP 本身就具有十分强大的价值。在这个个人 IP 上，可以进行一些商业推广或者联动，其价值体现在无数的细分领域和无数的衍生产品中。

2. 价值再造

价值再造指的是将一些本身没有什么价值，但是存在再次挖掘的可能、或者换一种方式就可以让其再“火”一把的方式。

如果成功地将个人 IP 进行一系列的打造，对领域内一些曾经提过的东西进行翻新，进行二次创作，以这种方式进行价值再造，强大的个人 IP 可以起死回生。

但是，目前国内企业对 IP 的关注点主要集中在其引流能力方面，因为自带流量的超级 IP 能够为它们提供广阔的想象空间。但事实上，IP 的核心价值并非是简单的流量价值，而是其信息价值。可以说，IP 的信息价值是 IP 释放商业价值的重要基础。

三、个人 IP 的媒体传播

对于个人 IP 来说，如何用恰当的方式来进行推广可能是个人 IP 是否能够“爆火”的一个因素。创建者需要打造传播路径。在传播路径方面，营销人员可以选择在大型网络平台或者媒体平台中为创始人建立个人词条，而且要对词条进行不断地更新。建立新媒体传播矩阵，对营销内容传播也具有十分关键的影响，通过跨平台、跨渠道、跨终端的新媒体传播矩阵，能够实现营销内容的实时传播，并为企业网罗更多流量。

同时，随着现代传播学近百年来的发展，人们也同时经历了纸媒、广播、电报、电视、门户网站、社交媒体等一系列时代，以及现在的互联网时代，个人 IP 有着更多的方式来进行传播。根据哈罗德·拉斯韦尔在 1948 年提出的“5W”传播模式，我们可以从 Who、Say What、In Which Channel、To Whom、With What Effect 中对个人 IP 的媒体传播进行系统分析，如图 2-3 所示。

图 2-3 拉斯韦尔的“5W”传播模式

在个人 IP 传播的过程中，传播者需要通过此传播方式进行推导。

第一，个人 IP 所要达到的目的。

第二，为了达到这个目的，你需要在个人 IP 上发布什么样的信息。

第三，在进行信息发布与个人 IP 建立时需要通过怎么样的渠道。

第四，个人 IP 的受众范围是什么？你所发布的信息究竟是要给谁看。他们为什么要关注这个个人 IP。

第五，通过你的个人 IP，你想要达到什么样的效果。

通过以上方式，传播者可以更好地对自己的个人 IP 进行设置。

四、个人 IP 的打造方法

在这个互联网时代之中，如果想要将个人 IP 打造成为“爆款”，方法一定是必不可少的。但是在讲解打造方法之前，我们需要了解 IP 具体是如何进化的。IP 的进化过程大致可分为三个阶段：起源层、发育层和获利层，这也是打造高价值个人 IP 的必经过程。

1. 起源层是个人 IP 的源头阶段

创作者需要在这个阶段找准个人 IP 的定位方向。没有一个好的开头可能也会有一个好的结果，但是创作者可能需要付出百倍的努力才能获得十倍的收获。

2. 发育层是 IP 的发育阶段

当创作者将个人 IP 进行构建之后，个人 IP 需要进行一系列的推广，创作者需要将个人 IP 更好地推送到目标用户之中。在此阶段，个人 IP 可以获得更多的曝光机会与更多粉丝，同时创作者需要获得更高的粉丝黏性。这个阶段的作用是进一步扩大 IP 的影响力以获取更多的受众。

3. 获利层是 IP 的收获阶段

通过前两个阶段的创造和建设，IP 已经能够在多个领域进行套现。它是产业链的最高端，个人 IP 已经在所在领域获得一定的地位。通过内容的分享已经获得了忠诚度较高的核心用户群体和协同效应，从而提高 IP 的增值变现能力。

总之，一个成功的“IP 开发”应该围绕 IP 的商业价值在不同领域进行反复开发，直至让 IP 的核心生产力充分发挥出作用。然而，在任何一个 IP 从作品到商品的成长过程中，其价值都是在不断地发展变化的。可见，要成为爆款 IP 必须符合两个条件：一是已经获取了价值外溢，有一定程度商业化运作的基础；二是前期积累了大量的忠诚粉丝。如今有很多企业、行业大咖、明星艺人都开始培育自己的 IP，例如罗振宇、罗永浩等借助自媒体和自身内容的生产力聚拢粉丝，实现自带流量和势能，不仅降低了引流成本，而且还摆脱了单一平台的制约，从而做到了跨平台进行流量分发。

五、个人 IP 打造的误区

在知道了个人 IP 打造的方法之后，很多创作者已经迫不及待地去准备进行个人 IP 的打造了。在个人 IP 打造的期间，创作者同样会遇到以下的一些问题。

1. 追求粉丝量

有许多创作者在开始进行个人 IP 打造的时候迫切追求上热门和浏览量，其实这并不一定是好事。做个人 IP 一定不能急功近利，在打造个人 IP 的时候一定要注意好定位。很多运营者一开始就希望粉丝破万，其实这是需要沉淀和积累的。在做个人 IP 的时候一定要知道自己的定位，如果不能深耕自己的赛道，提高分享内容的价值，那么是很难成功的。

2. 过于强调变现

个人 IP 的变现核心并不是一日而成的，其最关键的核心在于积累。如果前期在打造个人 IP 时踏踏实实地去做内容的深度与推广，那变现就一定不是难事，并且可以获得更多的利润。

3. 过分强调专业团队

很多创作者在开始的时候如果遇到粉丝增长过慢的情况，就会对自己与团队产生质疑。但是，在做个人 IP 的时候并不一定需要有十分专业的团队。如果你在所做领域能有专业知识的积累，做到持续的内容更新，一定会获得应有的收获。

4. 不和用户深度互动

有些新的创作者不愿意花费时间与关注的用户进行沟通，而只想获得新的粉丝，这种情况是十分错误的。维护已有粉丝、增加粉丝黏性一定比获得新粉丝要更为容易。

5. 盲目蹭“热门”内容

有许多创作者对“热门”情有独钟，更有甚者希望蹭一次“热门”就会带来粉丝数量爆发式增长。但是需要注意，蹭“热门”是涨粉的捷径，但不是每次“热门”都和你的账号定位有关，如果和你的账号定位无关，那么蹭“热门”毫无意义。如果想要蹭“热门”，那一定要找到“热门”的本质，并且清楚“热门”话题与你自己的个人 IP 之间有什么关系，只有这样才可以获得真正的增长。

6. 不做运营绩效考核

很多人会认为个人 IP 只是在闲暇之时做的一个东西，并不需要用专业的技术来进行运营。其实恰恰相反，在运营个人 IP 时一定要善于去做数据分析与用户增长战略。除此之外，还要做粉丝增长的战略规划。比如，个人 IP 的运营中给自己定的目标是本月涨粉 5000 个，那么该如何实现呢？这个就需要我们做出规划，然后一步步去实现。否则，在运营的过程中会因目标不明确而越来越没有动力。

以上的“雷区”是许多个人 IP 创作者在对个人 IP 运营时会踩到的“坑”。如果在一开始建立个人 IP 时能注意到以上“雷区”，那么一定可以少走许多弯路。

李子柒：中国古风个人 IP 第一人

在这个互联网时代，对于一个民族文化输出来讲，既可以说是一件非常简单的事情，但是也可以说是一件非常困难的事情。说简单，是因为互联网将整个世界都给串联了起来，在网上发布的消息现在世界各地的人都可以看到。说困难，是因为有时候文化输出需要让世界各个民族的人民能够了解到你要输出的点。有一个人，在 YouTube 上拥有 1460 万名关注者，在 B 站上拥有 764.7 万名关注者，不仅将中国的古风美食文化传遍大江南北，更是凭借着独特的视频风格和个人魅力将文化传播到世界各地。她，就是李子柒。

1. 李子柒个人简介

李子柒，本名李佳佳，1990 年出生于四川省绵阳市。2016 年，李子柒发布的原创美食视频因为其独特的古风风格被世界所熟知。起初，李子柒所发布的视频只在国内的一些平台进行传播，并且其影响不同凡响。同期，其视频《桃花酒》被一个短视频的 CEO 所认同，被推送至平台首页，因此得到了更多人的关注。2017 年 8 月 22 日，其正式在 YouTube 创建频道，将文化输出至世界各地。2017 年，李子柒正式与 MCN 公司微念科技签约，并联合成立四川子柒文化传播有限公司（个人占股 49%）。2019 年 8 月，李子柒成为成都首位非遗文化推广大使。2021 年 2 月，李子柒的 YouTube 关注者超过了 1460 万人，成为 YouTube 中文频道最多关注量的频道，并且创下了吉尼斯世界纪录。

2. “子柒”式 IP 的构建

对于李子柒这个个人 IP，其作品构成拥有其独特的建立模式，如图 2-4 所示。

图 2-4　李子柒 IP 的构成

（1）传统文化：李子柒在各个平台上传的视频主要分为古香古食与古

香古色两部分。

古香古食是将一些美食利用传统烹饪方法制作，再将其做成视频放送给各个观众。古香古色这一部分则是用传统手法对胭脂、染衣制衣、文房四宝等制作过程进行展示。对于现代中国人来说，很多东西已经是我们很难在城市中看到的了，这样可以让中国人对我们的传统文化有着更多的了解。对于一些从小在乡村长大的人来说，这些视频也可以让他们产生更多的共鸣。对于外国人来说，中国的传统文化可能是他们这一辈子都没有接触过的。他们知道的中国可能只是道听途说，或者经过一些媒体渲染过的中国。通过李子柒的视频，他们可以了解到真正的中国传统文化。在李子柒的视频下，经常可以看到世界各地人民的留言，并展现出李子柒的视频是如何刷新他们对中国传统文化的认知的。

（2）深度内容：对比李子柒与其他的美食博主，他们之间所做的视频内容是大不相同的。

李子柒的视频并非以制作美食或制作其他物品当作教学为主要目的。其他的博主会一步步地教观众如何对视频中出现的物品进行一系列的制作。在李子柒的视频中，她并不会如此烦琐地进行介绍，只会将文化中的内核进行展示。对于一些食物制作类的视频，她不仅仅展示食品是如何制作的，同时也会展示每一样食材是如何从播种到成熟再变成美食的整个过程，视频的时间跨度非常之长。几乎没有一个类似的视频博主愿意花费如此长的时间去进行一个 IP 的建设。同时，其视频之中对于中国大陆乡村自然风光进行了一览无余的展示。她本人也在视频中穿着汉服，并且在乡间播种。在她的视频中，你可以看到一个真实的中国，也可以看到一个真实的李子柒。通过其视频中的设计，人们可以了解到深度的中国文化，了解到真正的内核。

以上两种方式正是李子柒这个个人 IP 构建的内核。她运用这种方式对李子柒这个个人 IP 进行了深度的打造，并且利用多平台进行了广泛的传播，将这个 IP 传遍了世界各地。

3. 停更之后的沉淀

2017 年 5 月 13 日，因为李子柒奶奶的身体原因，以及网络上出现的各式各样的负面新闻，李子柒在微博上宣布暂时停缓视频的更新及后续的调整。网络上出现了李子柒团队及她宣扬的是否是真正的中国文化等一系列负面评论，但是李子柒并没有被网络上的“喷子”所影响。在宣布暂时停更之后，李子柒由单人制作视频变成了寻找摄影师团队进行制作。在停更之后，李子柒并没有一蹶不振，反而在团队构建之后打造的视频所体现出的质量又更上了一层。在提升之后，李子柒这个个人 IP 获得了更多观众的关注。

“李家有女，人称子柒”，李子柒将中华民族传统的文化展现给了世界，同时自身也打造出了一个无人可及的个人 IP。其个人 IP 的成功也为各个 IP 创作者提供了借鉴，如果所创作的内容做到独特、有深度，并且展现出一定的情怀，那就一定具有核心竞争力。

第二节　个人 IP 定位打造

通过第一节的讲述，我们已经大概知道了什么是个人 IP，个人 IP 的商业价值究竟是什么，我们如何对 IP 进行一系列的传播，我们如何对个人 IP 进行打造，以及一些在打造 IP 时可能会撞到的“雷区”。在这一节将要讲述的是如何对个人 IP 进行定位；换而言之，在创造个人 IP 时，如何对 IP 进行一系列的设计将是这一节的重点。

一、个人 IP 定位的底层逻辑

在进行个人 IP 的定位打造时，我们首先需要知道的就是打造个人 IP 的底层逻辑。个人 IP 定位的底层逻辑是什么呢？在互联网下半场中，底层逻辑已经从当时的经营产品变成了经营用户；换而言之，我们可以从利他思维入手。打造个人 IP 的背后就是为了更好地进行一系列的商业转化，而利他思维可以很好地帮助个人 IP 进行搭建。如果在个人 IP 构建的时候，创作者只抱着向观看者索取的思想是很难盈利的。只有创作者对于客户进行领域内知识的分享，而观看者在分享之中收获了很多，这样创作者才能获得一系列的盈利。举个例子来说，如果你对观看者提供了一份收益，而你想从观看者那里获得十份收益，正常人都知道这是天方夜谭；如果对观看者提供了十份收益，而你想从观看者那里获得十份收益，这也许是可以实现的；如果对观看者提供了一百份收益，而你想从观看者那里获得十份收益，这也许就是非常容易成功的事情了。

人的本性就是这样，如果能用很小的投入来获得巨大的回报，那他们就会毫不犹豫地去做这样的事。这里的回报不仅仅是物质层面，同时也可能涉及精神层面，也就是在构建个人 IP 时底部内容的输出。在提供这样的帮助之后，观众们就会毫不犹豫地帮你点赞、转发、收藏，甚至用金钱来对你进行一系列的支持。

商业的话语权正在从商家转移到用户，所以这个时候，才会出现商业的底层逻辑从过去的“经营产品”变成现在的“经营用户”的现象。

“经营用户”的前提是连接用户、筛选用户，通过连接，把精准的用户、有效的销售线索筛选出来，再长期经营用户。经营用户时经营的是与用户的关系和交情，注重用户的终身价值，不再是过去的收割逻辑，用完即走。因为收割用户、用完即走的逻辑，会让一个人、一个企业，做的都是一锤子买卖，永远缺客户。所以，在对个人 IP 进行定位时，一定要先注重其底层逻辑。

二、打造个人标签的 IP 记忆点

一个 IP 如何能在众多 IP 中脱颖而出？如何能在有限的时间内吸引大众的目光？如何能最终取得良好的社会效益和经济效益？最重要的一点，

就是要有独特性。独特性是衡量一个 IP 是否具有爆款 IP 潜质的最基本特征，也是区别于其他 IP、扩大知名度、树立品牌力的决定性因素。同时，一个 IP 只有具备独特性，才能被大众所识别、记忆，从而产生认可和忠诚度。

标签化是当今生活中一种十分常见的现象，无论是地域、性别、职业，还是性格、样貌、文化等都可以成为一个人的标签。贴标签就是找到适合自己的风格，以及自己擅长的领域，树立自己的个性形象，使自己在公众心目中的形象更立体、更鲜明。例如，看到美食类型的短视频马上就会想到“密子君”，看到搞笑类型的短视频就会想到“ Papi 酱”。只有找准自己的定位，贴上适合自己的标签，才能更有效地推广自己的短视频。

最后，在传播学中有非常重要的一点：人们记不住内容，只能记住内容留下来的感觉。这个感觉就是标签。标签就是用来告诉用户你是谁，你是做什么的，你代表什么，而丰富的内容只是在捍卫标签、证明标签、重复标签。在做个人 IP 的时候，创作者一定要将这个个人 IP 的标签深深地烙入观看者的内心，达到自己独特的记忆点。在这一部分可以根据以下三点来进行设计，如图 2-5 所示。

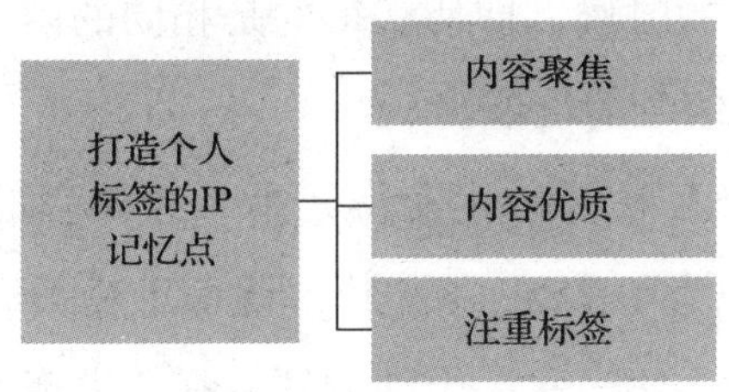

图 2-5　打造个人标签的 IP 记忆点

第一，内容聚焦。在创造个人 IP 时一定要聚焦于自己的细分领域，不能特别宽泛。什么热门就去做什么只会导致最后自己领域中的东西无法得到完美的展现。

第二，内容优质。只有个人 IP 所创造的内容具有价值，可以解决用户的痛点，才能够使得个人 IP 更好、更有效地连接用户，增强与用户之间的黏性。

第三，注重标签。有些创造者可能觉得文案的设计是最为重要的，但是在个人 IP 的设计当中，很多时候不需要登峰造极的文采，但是一定需要创作者对内容做到真情实感的输出，并且在创作的内容之中一定要包含 IP 记忆点。

总之，人们的脑容量是十分有限的。在信息碎片化的时代中，许多特别好的内容也很难记住，再好的内容分发出去也会被淹没在信息的海洋里。所以要做个人 IP 记忆点，重复去传播个人 IP 的记忆点。人们记住 IP 记忆点比记住长篇大论的内容容易 100 倍，记住了 IP 记忆点，就能记住这个个人 IP，这个个人 IP 是做什么的，其代表着什么。

三、聚焦细分行业持续输出价值

在这个信息爆炸的时代，人们通过互联网或者其他方式可以轻松地获取信息，但是很多时候人们获得的信息却并不一定是有用的，筛选信息的成本也变得越来越高，这样一来营销与传播的难度也大大增加了。当我们在网上看到一条信息的时候，即使获得的是相同的内容，收集者也会根据发布信息的人来判断信息的价值。

许多信息在这个互联网时代变得冗余，高效率的传播就是让信息从“熵增”到“熵减”。为了实现“熵减”，让信息变得有序、清晰，IP 出现了，IP 是“熵减”的产物。每一个细分领域都会出现 IP，它让用户不需要再关注其他无数个同质的媒介，而只需要关注 IP 就可以。

“人”越来越主导信息的传播、信息的价值及信度。越是在网络时代，由人传达的价值越是重要，“人媒体”的价值越来越凸显。用户更在乎的是谁的内容有价值、谁的内容帮助了他。更进一步地说，当你成为某一个细分领域里的超级 IP 时，即使别人也在输出类似的内容，也会首先想起你，用户也会认为这个内容是你的，或者以你说的为准。同样一句话、同样一个意思，我们去说和一些业界大咖去说产生的结果完全不同，用户相信的程度也完全不同。

所以，个人 IP 在这个时代显得十分珍贵。在信息泛滥、内容高度同质化的时代，如果个人 IP 可以构建得与众不同，观看者可以轻易地记住你，别人知道你是某一细分领域十分权威的那个人，那就会使这个 IP 在细分行业内持续输出价值。真正的内容营销并没有多大的阅读量、粉丝量，也不应该太关注阅读量、粉丝量，因为我们要做的是某个细分行业，而不是去讨好十亿网民，只为特定的一个小众群体提供内容。真正的个人 IP 营销要获取信任的流量、精准的流量、经过筛选的流量，也就是有效的销售线索。这样的流量 1 个抵得上 1000 个粉丝流量。

四、设计 IP 细节点的呈现方式

个人 IP 在当今的环境之下有一些特定的呈现方式，但是最为方便的莫过于视频与文章的分享。在各大视频平台、短视频平台、公众号的推广下，创作者可以更好地对个人 IP 进行一系列的传播。在创作时，创作者可以根据近些年涌现出的超级个人 IP 来进行以下题材的划分。

1. 反映草根文化的题材

草根文化已经成为一种亚文化，正凭借“以自嘲来消解正统，以降格来反对崇高”的草根气质吸引着诸多影视作品争相挖掘取材。土味视频也有着土味视频的受众范围，而在中国，利用这类方式来构建 IP 不失为一种好的方式。

2. 反映职场竞争、生存压力的题材

许多个人 IP 在不断探索幽默喜剧、悬疑探险等题材的同时，也将目光

凝聚到了年轻人的职场生活中，且切入角度、内容定位与传统都市职场剧完全不同。大尺度话题、小人物生活、声色犬马的感官刺激，以及超现实的黑色幽默都是其显著特点。个人 IP 在进行此类创作时可能需要一定的团队进行视频的设计。

3. 反映年轻人生活百态的题材

网站用户的年轻化趋势迫使各大视频网站在自制剧的题材选择、节奏控制、时长安排等因素上，不约而同地向着青春洋溢、心态开放、易于接受新鲜事物的年轻受众人群靠拢，从而创作出大量都市时尚、青春校园自制剧。而此类个人 IP 可以对年轻人进行更好的吸引。

4. 爱情题材

无论是小说还是影视剧，爱情都是永恒的话题。据统计，在各大影视公司拍摄题材中，爱情类题材的 IP 使用率最高。影视剧、网剧常使用爱情类 IP，还是因为这类 IP 剧的主要受众人群为 18 ～ 24 岁的年轻人，他们追求的是有颜值、有情感的剧情。值得注意的是，随着近些年许多情感类 IP 的构建，有一些别有目的的个人 IP 利用情感分析等一系列手段来进行 PUA 或其他方式的教学，这种方式可能会传递一系列不正确的价值观。创作者在进行个人 IP 的设计时需要进行正能量的引导。

5. 悬疑题材

随着网络自制剧的发展与国外引进剧在涉案悬疑与高智商推理剧方面的成功试水，国内长期处于边缘化的涉案悬疑题材被推上了网剧自制内容选择的风口浪尖。一些相对比较有思想深度的高智商悬疑推理剧破冰而出，崭露头角，成为 IP 的新希望。个人 IP 在对这方面题材进行设计时，可以对一些非常知名的悬疑类小说或者推理剧进行改编，或是做一些剧情带入。

6. 特定领域

在进行市场细分之后，个人 IP 也可以在独特的领域之中进行一系列的构架。例如教育领域、金融领域、建筑领域等。如果创作者在一些领域之中有着独特的个人见解，企业可以利用这种方式在特定领域之中进行个人 IP 的构建。

五、视频号 IP 定位的三大策略

面对短视频营销的巨大风口，短视频创作者要想在激烈的竞争中获胜，就必须做好各项准备工作，特别是找准短视频账号的定位。在定位账号时，首先为其贴上明确的标签，专注于一个领域发展，然后通过自我分析和竞品分析，做好短视频内容定位。在定位过程中，要从用户需求出发，描绘用户画像，挖掘用户的需求痛点，从而做好精准定位，为打造爆款短视频打下基础。

在进行视频号 IP 定位时，通常需要根据以下三大策略来进行设计，如图 2-6 所示。

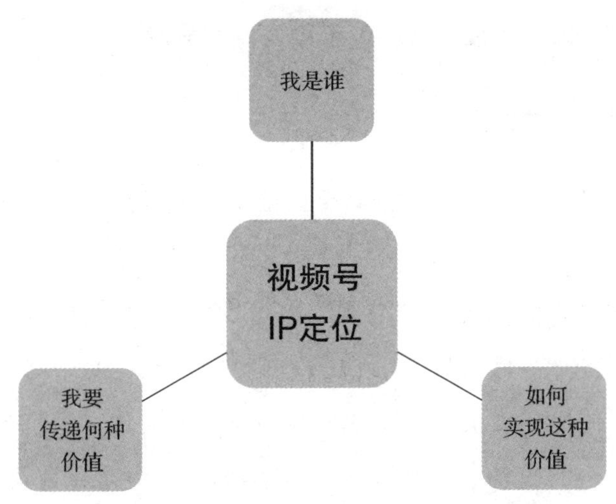

图 2-6 视频号 IP 定位的三大策略

1. 我是谁

在创作短视频之前，首先要在心中问自己：我是谁？我适合创作哪种题材的短视频？我擅长经营哪种类型的短视频账号？只有确定了短视频的题材，才能明确短视频的创作方向，并沿着这个方向进行具体的内容生产工作。以一些短视频为例，比较受用户喜欢的题材类型如下。

（1）励志类。用自强不息的奋斗精神和感人的创业故事来鼓舞更多的人，传播正能量。

（2）旅游类。人人都有好奇心，对于没有去过的地方，没有见过的事物都想一探究竟，这类题材能够满足人们的好奇心和对美的追求。

（3）美食类。只要创作者热爱美食，并擅长制作美食，就无须担心这个领域有很多竞争对手。只要能拍出自己的特色，就可以俘获大量的用户，哪怕是一碗泡面，只要有足够的创意，拍出的作品也有可能脱颖而出。

需要注意的是，题材的范围并不是固定不变的，范围可大可小。创作者可以将所选的题材类型垂直细化。例如，如果把题材定位在“唱歌”方面，既可以选择通俗歌曲，也可以选择民族歌曲；如果把题材定位在“舞蹈”方面，既可以选择现代舞，也可以选择古典舞。

2. 我要传递何种价值

确定了题材，明确了创作方向后，接下来就要思考内容定位，即回答“我要传递何种价值”这个问题。如果说题材定位是搭建框架，那么内容定位就是在这个框架内浇筑“混凝土”，只有两者有机结合，才能建造出能够彰显个性的“高楼大厦”。在进行内容定位时，要始终牢牢把握住一点，那就是要传递什么价值。在“内容为王”的时代，只有当用户看完短视频后觉得内容有价值，他们才会关注创作者，持续观看其更多的作品。短视频内容要体现出自己的价值观，而且要使这个价值观与用户趋于一致，这样才更容易打动用户，使其产生共鸣，促使其传播扩散，进而提高短视频的播放量。

例如，抖音账号“山村小杰”短视频内容描绘的是一对农村青年男女的生活方式和相处模式。男主人公小杰动手能力很强，家中的家具或使用的工具都是自己亲手制作的，更让人感动的是这些物品大多都是为女友专门制作的，如戒指、水晶鞋、跑步机等各种各样暖心的物品。不少“粉丝”被小杰的聪明手巧所吸引，但更多的人是被他们这种“执子之手，与子偕老”的情感生活所感动。短视频从描绘他们生活的点滴中传递着爱情的力量，引发用户的情感共鸣。

对于初涉短视频领域的创作者来说，最开始可能既没有“人气”基础，又没有足够的曝光率和知名度，要想引起用户的关注，内容是最关键的要素。因此，一方面要保证短视频内容立意新颖、内涵丰富，融入价值情感；另一方面，要注重打造内容细节，在细节上要能给用户带来“惊喜”，避免千篇一律，这样既能加深用户对内容和账号的印象，又能吸引其持续关注。

3. 如何实现这种价值

确定短视频的格调，就是确定短视频的风格定位。在有了创意内容之后，接下来就要思考“我如何实现这种价值”，选择什么样的展现形式来诠释短视频主题，例如，是用一段完整、连贯的视频，还是用一张张串联起来的图片？是准备真人出镜，还是采用卡通动画形象？是解说评论，还是街头采访？是想渲染浪漫唯美的气氛，还是选择幽默搞笑的风格？

例如，抖音账号“李子柒”就采用了一种世外桃源般的视频风格，闲云野鹤、田园人家的视频格调激发了大批住在城市格子间的都市白领的向往之情，这种既唯美又接地气的人物形象吸引了无数人的目光。需要强调的是，当短视频创作者选择了一种视频风格以后，就要长期坚持下去。只有这样，这种风格才会成为自己的标签，深刻地烙印在粉丝们的心中。当他们一看到类似风格的短视频，就会情不自禁地联想。

对于短视频创作来说，找准题材是前提，做好内容定位是基础，而选好风格定位是精准吸引目标用户的关键。总之，只要让用户在看到短视频的瞬间能够立刻知晓该短视频账号是做什么的，并且保证短视频内容有足够的吸引力，待用户观看完以后能够领悟短视频所传递的信息价值且印象深刻，那么这样的定位就是成功的。

六、一个定位公式解决内容创作问题

在构建个人 IP 之时，很多创作者会对如何进行内容创作有着许许多多的疑问。在这里有一个万能的定位公式可以帮助创作者解决内容创作问题，如图 2-7 所示。

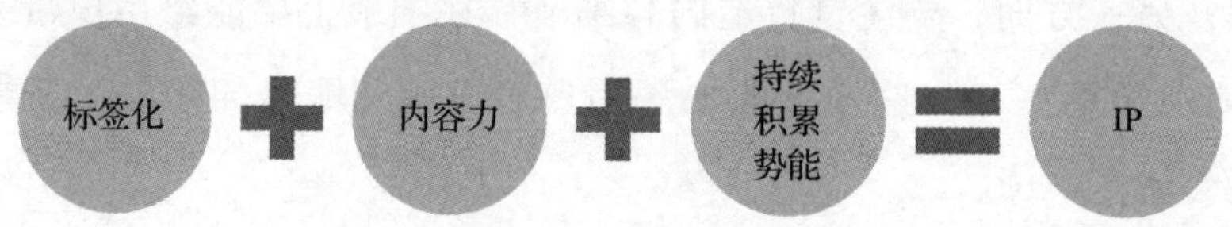

图 2-7 一个公式解决内容创作问题

第一，对于个人 IP 的标签化来说，其是区别于其他 IP、扩大知名度、树立品牌力的决定性因素。由于上文已花篇幅进行详细的解释，在此章节就不进行过多的赘述。

第二，对于内容力来说，就是个人 IP 在进行创造之后向观众所传达的内容。创作者在进行定位时首先需要对这个问题进行一定的考虑，使得自己在创作的过程中可以输出有思想、有深度的内容。只有这样才可以吸引更多的用户，并且可以更大限度地增加粉丝黏性。

第三，对于持续积累势能来说，不仅仅需要创作者坚持下去，达到持之以恒，更需要一些方法。如果创作者可以将个人 IP 内容的输出连续做到三年以上，则可以淘汰掉 99% 的创作者。实际上能做到持续三年输出，连

1% 的人都不到。持续输出内容，讲好这里面的故事，从而让越来越多的人感知到你做得很专业。当网上随处都可以看到你的内容，你的影响力越来越大，就会有很多人追随、信任你，最终产生商业价值。这个时候个人 IP 就逐渐养成了。

专栏 2-2

李佳琦：靠口红“爆火”的男人

在美妆界中，也许一个人可能并不能把所有的牌子、各种各样化妆品的价格全部都认清。但是如果让他们提一个中国美妆界最有名的人物，那 98% 以上的人都会提起“口红一哥”李佳琦。他凭借“Oh my god”“买它就对啦！”等一系列言论而走红全网。其实，无论是不是美妆界或直播界的人，提起李佳琦可能都会对这个名字感到熟悉。在 2016 年以前，没有一个人对其有印象。在短短的时间内，他是如何将李佳琦这个个人 IP 塑造起来的呢？

1. 个人简介

李佳琦，1992 年在湖南省岳阳市出生。本科毕业于南昌大学舞蹈专业的李佳琦并没有想到自己会建立起如此之大的一个 IP。在刚刚毕业的时候，他只是在一个商场当着一个“柜哥”，帮助买东西的人挑选商品。在给客户介绍产品的时候，李佳琦积累了大量关于美妆方面的经验。在一次机缘巧合之下，一个直播平台对其开了 6000 元的报酬让他进行直播。刚开始做主播的李佳琦进展得并不顺利，直播间粉丝稀少，销售战果寥寥无几，压力巨大，生病暴瘦，与其他主播差距明显，这些一度让李佳琦想要放弃。所幸的是，李佳琦在之后的直播中获得了巨大的收获。职业生涯之初，李佳琦白天担任彩妆师的工作，晚上下班后才开始直播，一人独自负责产品文案写作与货物整理的所有工作，工作时长超过 15 个小时。通过其努力，他在淘宝内收获粉丝超过十万，成为年度TOP主播，并且被江苏师范大学聘请为淘宝写作与传媒课程讲师。可是他没有满足于此，在身体并不好的情况下仍然坚持直播，并且提供优质的直播。在2017年“双11”，其粉丝首次突破1000万人，之后其又在抖音上收获了超过1500万的粉丝。最厉害的时候，他在开播五分钟的时间里销售了15000支口红。至此，“口红一哥”的名号正式地落在了李佳琦的头上，个人IP也正式位列在了顶部。

2. 个人IP定位打造

对于李佳琦这个个人IP的成功，很多人都觉得只是一个偶然。只是因为运气的原因他才能够成功。其实事实并非如此，经过分析后发现，李佳琦这个个人IP成功一定是必然的。

开始在欧莱雅当“柜哥”的日子让李佳琦学会了很多东西。那段时间李佳琦积累了很多的美妆知识，为之后李佳琦在构建个人IP时打下良好的知识基础。在构建IP的时候，如果创作者在领域之内没有十分有深度的分析，那么在后期推广的时候一定不会有很好的效果。同时，美妆类领域与其他领域不同，在个人IP进行带货的时候，消费者所购买的商品都是要用在自己身体上的。如果创作者不能很好地回答观众的问题，很容易就会导致粉丝的流失；如果推荐的东西对于观众不受用，粉丝们的热度就会逐渐变低。对此，李佳琦不仅对粉丝进行了言语上的解答，而且也将自己所推荐的美妆类产品先在自己身上与小助手身上进行了试用。再者，因为李佳琦对于这个IP的推广方式在开始时使用的是直播的形式，所以持续性就是非常重要的了。对于直播的这种推广方式，如果创建者不进行维护，则会导致许多非核心粉丝的流失。2017年，李佳琦没有请过一次假。即使身体抱恙，其仍然熬夜准备好需要展示的材料，并坚持第二天的直播。当一个创作者可以持续输出高质量的内容时，个人IP就很容易被创造出来了。

除了内容的深度与对内容的持续输出，李佳琦同样在创建IP时使用了标签化的方法。许多人在谈到李佳琦的时候都会瞬间联想到他那夸张的“Oh my god”与“买它买它买它!”。这种洗脑式的风格也成为李佳琦独树一帜的标签。一个个人 IP 在众多 IP 中脱颖而出的方法就是打造出一个独特的标签记忆点。当人们提到美妆及他的经典话语时就会瞬间想起李佳琦。也许观众们在直播之后并不能完完全全地记得李佳琦在直播的时候卖了什么，但是对于他这种洗脑的言论，则一定记得是清清楚楚的。这种方式帮助李佳琦这个 IP 获得了更多的粉丝。

3. 总结与启示

在李佳琦这个个人 IP 塑造成功的背后，有着许许多多值得新的创作者学习的地方。当一个 IP 可以进行持续的、有深度的内容输出时，其就会吸引许多领域内的人的关注，这样可以为 IP 的推广积累许许多多的粉丝与流量。如果在个人 IP 建立时能够打造一个别具一格的个人标签 IP 记忆点，那么在别人讨论这个话题的时候就很容易联想到这个 IP。如果能够合理地达到以上的几点，那么一定可以塑造出一个成功的个人 IP。

第三节　个人 IP 营销策略

IP 的形式并非是固定的，产品、品牌、企业创始人等都可以被打造成 IP。基于个人 IP 的营销，凭借着人格化特点突出、高粉丝忠实度与转化率等优势而实现快速崛起。要想开展个人 IP 营销，需要打造出有较强影响力的个人 IP 品牌，在沉淀更多忠实粉丝的同时，还能使企业在行业价值链中拥有更多的话语权，引导公众形成对个人 IP 的正面认知和联想，使用户与创作者建立强信任关系，有效提升个人 IP 的价值。

从本质上来说，开展 IP 营销，一方面需要通过不断为目标群体提供优质内容来赋予 IP 更高的势能；另一方面则要充分发挥 IP 的影响力，和目标群体建立成本更低、效率更高、更为精准的连接通道。

事实上，打造个人 IP 和打造明星的逻辑颇为相似，近几年也有很多明星进行 IP 化转型。具体而言，打造个人 IP，并释放其营销价值包括以下三个步骤。

一是定位。科学合理的 IP 定位会使 IP 打造及营销取得事半功倍的效果。对个人 IP 而言，主流定位是在特定领域内建立独特的视角，提供一些特别的个人经历、形象、个性、兴趣爱好等属性，和竞争对手实现差异化，有效提升其在目标群体心中的辨识度。

二是传播。定位完成后，要开展一系列 IP 传播活动，传播的内容形式并不是固定的，可以使用文字、图片、音频、视频等各种形式的内容，为了确保能够长期吸引用户，要确保内容的品质及稳定性，这对营销人员的创新能力有较大的挑战。

三是渠道。随着越来越多的创业者及企业加入到新媒体创业大军中来，能够传播内容的渠道也变得非常丰富，微博、微信、贴吧、论坛、网络社区、视频网站、音频平台、直播平台等诸多社会化媒体都可以进行传播推广。此外，在某些特定场景中，传统的报纸、杂志、公交及地铁站广告牌、户外电子屏幕等也有良好的传播效果。

随着互联网整体生态的发展成熟，各类社交媒体不断涌现，为人与人、人与商品或服务等提供了新的连接交互路径，进而使网红经济走入大众视线并表现出愈发强劲的发展活力。特别是在草根网红代表、被誉为“2016 年第一网红”的 Papi 酱成功融资 1200 万元后，个人 IP 更是吸引了越来越多人的关注、参与和布局。

一、个人 IP 营销的故事策略

一个好的 IP 是十分重视其输出的内容的。所以，对于创作者来说，如何将其内容的方式进行呈现是一个非常重要的问题。通过人体的研究表明，在人的大脑中，处理画面的皮质区域是非常大的，所以人类对于场景视觉信息的处理会比一般文字信息的接受有着更为快捷的方式。人类处理视觉的部分中神经元数量比处理听觉、味觉、嗅觉等部分要更多。人类在长达 200 万年的进化当中，视觉系统的进化是要远超其他部分的。所以，具有画面感的故事比一般平淡的文字叙述要更容易被用户记住。人类的大脑经过这样的进化就会更容易地记住故事。故事之所以威力巨大，是因为它总能使人联想起画面，也就是具有所谓的画面感。因此，一个好的 IP 首先是一个耐人寻味的好故事，无论是在什么领域讲述事情，大家真正喜欢的都是其背后的故事。

像是对于一些旅游类的个人 IP，如果创作者只是单纯地将景观展示出来，观看者可能只会赞叹一句，这个地方真好看或是其他的赞扬，但是没过多久可能就会将其遗忘。如果展示景观的时候将当地的一些故事给讲出来，观众可能就会对其有更多的联想，增加对 IP 的黏性。其实有没有热点元素、流行元素，并不是那么重要，重要的是有没有好的故事来最大限度地激发大脑中的视觉系统。有好的故事就一定能吸引大众，没有好的故事即便在营销策略上用尽招数也将会昙花一现，最终被市场抛弃。

总之，IP 的故事性告诉我们：故事的影响力超过一切，无论什么样的 IP，好故事永远都是用户所希望看到的。故事是推动 IP 的一种工具，所以一个 IP 首先需要关注故事及故事的讲法。故事思维，就是一种场景化、具象化思考的能力，也是个人 IP 最需要的一种能力。如果一个 IP 真的能利用故事为粉丝创造巨大的价值，这些故事就能为这个 IP 提高更大的辨识度，并增强 IP 与粉丝之间的黏性。

二、个人 IP 营销的产品策略

对于建立个人 IP 时，创作者一定要制订其经营战略。

首先，需要对于个人 IP 究竟要提供什么样的东西给观看者进行明确，也就是要解决个人 IP 的策略问题。在某些角度来看，个人 IP 能否成功的关键也在于这个个人 IP 是否能够满足观看者的一定需求，以及策略是否正确。

其次，IP 作为一个文化产品，首先必须拥有其自身的价值。只有有价值才能吸引大众，这也是长期立足市场的最基本要求。综观那些优质 IP，为什么能在顷刻间俘获大众的心？就是因为它们具备了与受众一致的三观。我们也就不难理解为什么“合家欢”类型的 IP 能一直受到大家欢迎，因为它所表现出来的正能量可以真正打动受众，震撼受众心灵。

再次，一个好的 IP 总是能吸引人，而前提就是可持续提供高质量的、有价值的输出。也就是说，要想成为爆款 IP 就必须体现高价值。没有价值，仅靠各种噱头如何征服人心？那么，什么样的价值才算是符合要求的呢？就 IP 而言，是指能体现当下的主流文化，或者最核心的价值观、世界观，使大众看、听或者接触到之后产生对世间美好事物追求的想法，如责任感、正义、尊严等正能量的内容。

最后，在任何时候，生活在世界任何地方，都向往最美好的东西，这是人的共性。一个 IP 所传递的东西必须是人们所向往的、期待的，才能保证作品的生命力。价值性是在个人 IP 营销时最核心的要素。好的个人 IP 都有自己的价值观和哲学观，不只是处于故事层面的快感，也不只是短平快消费后的狂热，而是在故事中所强调的世界观。其实，从这一层开始才真正进入 IP 的核心制作，即开发深层内核。

总之，多样的价值可以使得不同类型的观众产生发自内心的认同感，不仅具有传播广度，更具有传播深度，能够跨越文化、政治、人种、时空及一切媒介形式。由此，IP 通过价值观的沉淀对其观众产生了审美影响和文化层面的持久影响。

三、个人 IP 营销的渠道策略

在这个时代，创作者如果想成功地推广个人 IP，那一定需要有极强的传播性，这样可以方便 IP 在各个渠道商进行一系列的传播，进而被不同群体接受。尤其是在互联网、移动互联网异常发达的今天，各种新媒体、自媒体平台如雨后春笋般崛起。一个 IP 能否快速适应当下的传播需求，用网民们最容易接受的方式去扩散显得非常重要。但是，由于在互联网、移动互联网十分发达的今天，绝大部分的创作者都可以让个人 IP 在线上线下进行传播，并且利用传统媒体与新媒体同时进行宣传。所以在这一节强调的并不是通过什么渠道来进行传播，而是如何使得个人 IP 拥有更利于传播的特性。

传播性是一个个人 IP 被大众认知与认可的前提，如果一个个人 IP 不具有传播性，那么大众是很难去听到这个 IP 的声音的。因此，一个成功的 IP 一定会在传播层面上下大功夫。在打造个人 IP 的传播性上，我们可以从以下两个方面来进行考虑，如图 2-8 所示。

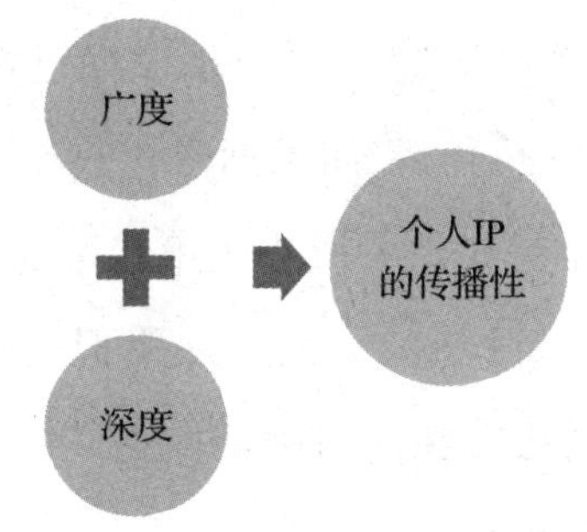

图 2-8 个人 IP 如何具有好的传播性

1. 广度

所谓的广度就是能适应不同年龄层、不同职业背景、不同学历背景的人群，即绝大部分目标受众都能接收得到。IP 对粉丝的依赖性特别大，因此在很大程度上需要依靠粉丝的口碑进行传播。一个好的 IP 就是要在不同群体中传播开来，满足不同人群的需求，甚至要具备跨界传播的能力。例如文学作品既可在文学爱好者中传播，也可在非文学爱好者，诸如电影、电视剧粉丝中实现无障碍传播。

2. 深度

所谓的深度主要表现在能否适合当下大多数渠道的要求，能否以更全面、更系统的方式去展现自己。如果创作者不能使个人 IP 达到一定的深度，可能在后期推行个人 IP 的时候不能收到很好的效果，也很难加强与粉丝之间的黏性。

四、个人 IP 营销的粉丝策略

IP 的“爆火”与粉丝之间有着密不可分的关系。很多顶级 IP 的成功都离不开其背后的粉丝。粉丝已经成为一个 IP 成功或失败的主要原因。

例如在前些时间“爆火”的罗翔老师。在罗翔老师正式进入 B 站之前，很多人都已经通过各种各样的平台对其有了一定程度的了解。看似罗翔老师在入住 B 站之后涨粉飞速，实则是早期已经在 B 站对罗翔老师的 IP 进行了一定程度上的积累。“罗翔说刑法”这个账户在三天时间里收获了超过百万的粉丝，并且在 B 站上成为了第二个超过千万粉丝的账号。这样的个人 IP 自带大量的忠诚粉丝，没有注册但是已经有了许多的粉丝基础。如果不是“罗翔说刑法”在注册之后能持续输出更多的优质内容，粉丝可能也会变成负面影响。

第一，粉丝与普通群体不同。粉丝的驱动力大部分来自内心情感的迸发，很多粉丝之所以自愿参与到 IP 传播与互动中是由于有了情感上的高度认同感和归属感；而大部分普通群体可能是出于某种利益的考虑，或者其他偶然性因素的驱动。所以，两者在忠诚度、认可度上有很大差距。

第二，粉丝是突破普通群体和 IP 之间的一堵“墙”。尤其是一个死忠粉丝、铁杆粉丝，可在与 IP 的互动中产生高度一致的“化学反应”，创造出爆发式的认可度，极大地提升 IP 的口碑。所以一个 IP 是否有粉丝的支持，可能会出现两种截然不同的结果。这种粉丝极有可能带动粉丝经济。一个IP 如果没有粉丝及粉丝经济的支撑是很难走下去的。

第三，粉丝的数量多少、粉丝的忠诚程度已成为个人 IP 生存和发展的重要决定性条件。因此，现如今很多 IP 创作者已经开始十分重视粉丝的力量，并采用各种手段与粉丝互动，甚至引导粉丝参与创作。

五、个人 IP 营销的社群策略

随着互联网的普及，人们突破了传统沟通上的限制。人与人之间的沟通不再局限于时间与地点。随着各式各样 APP 的普及，人们可以更好地发现与自己有着相同兴趣的人，能够基于共同的兴趣、爱好、价值等形成一个群体。个人 IP 营销的社群策略就是利用这一点，将分散的品牌粉丝聚合起来，以共同认可的品牌价值理念为基础形成品牌社群。在某种意义上，可以将社群营销视为互联网时代传统营销的变革升级。比如，社群相当于传统营销中的客户群，爆品就是以往的主打产品，只是更加关注品牌与用户的对接互动。

品牌社群中有一类非常重要的人，即品牌的核心粉丝。他们虽然数量不多，却是传播分享品牌内容的重要力量，通过口碑传播使品牌影响力从十人迅速扩张到一百人、一千人，甚至更多。因此，与以往企业为了提高品牌知名度和用户忠诚度的广告宣传不同，这类核心粉丝的营销价值在于通过口碑分享实现对个人 IP 的宣传。

个人 IP 应培育并不断提升针对渠道合作伙伴与终端消费者的服务能力，通过社群营销实现细分市场与用户的规模化效应，并借助数字化技术和平台实现品牌的系统管理。纵向来看，品牌数字化经营可分为不断递进升级的三个阶段：首先是系统性的品牌营销管理，即管理自身；其次是与用户的持续交互沟通，即客户的运维管理；最后是整体营销生态的打造，通过跨界资源整合为品牌拓展更大的商业运作想象空间。

六、个人 IP 营销的话题策略

一个 IP 如果想要持续地进行输出，那一定要具有话题性。当一个 IP 在经过商业化运作之后，如果不能持续地拥有一定的话题量，那么个人 IP 很难有着再次推广的能力。换而言之，也许个人 IP 可以在前期吸收许多的粉丝，但是如果没有运用一定的话题策略，那么其可能无法吸收更多的粉丝。所以，一个好的个人 IP 一定要具有话题。这样也可以更高地提升粉丝的黏性。

1. 话题性

一个 IP 很大的特性——它也可以间接地展现出一个 IP 的价值。许多顶流的个人 IP 都有着很高的话题性，即使这个 IP 已经出现了很久，还是会听到有人经常去谈论它。所以为了塑造一个强大的 IP，创作者需要努力地发现话题点并使之放大。

2. 追热点

追热点是社会化营销的不二法宝。多维度营销、多角度与热点结合以形成爆炸式传播才是打造个人 IP 的关键。同时，创作者可以在新浪微博等话题平台进行一系列的宣传，使更多的观众与之互动。

3. 适合自己 IP 的点

一定要找到适合自己个人 IP 的点。如果热度最高的点与你个人 IP 平时所推出的东西有所出入，那就放弃的这个话题，去找到更有潜力的点。个人 IP 在此时一般已经具有一定的粉丝量，如果为了去吸引更多的粉丝而展现出与之前所展现出的不同的价值观，可能会造成之前粉丝的流失。这个看起来容易，但是对于许多个人 IP 创作者来说只会一味地模仿，只是东施效颦。

七、个人 IP 营销的赋能策略

赋能一词越来越多地被人们所使用，而在个人 IP 的营销之中，赋能策略也是一把十分好用的“锐剑”。在个人 IP 的核心发展到一定程度的时候，IP 的创建者需要对个人 IP 进行一定程度的去中心发展。在可以维持原有核心粉丝的情况下，对于外围部分进行一系列的发展。图 2-9 很好地展示出了在对个人 IP 赋能时的几大要素。

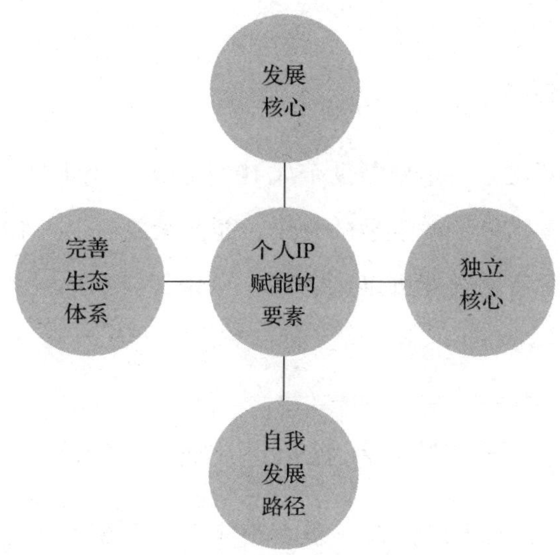

图 2-9　个人 IP 赋能的几大要素

1. 发展核心

对于个人 IP 而言，赋能一定要具有其最核心的那一部分。虽然在赋能的环节中，创作者需要进行一定程度的离心发展，但是如果不能将个人 IP 最为基础的部分进行维护，那就根本不能来谈赋能。

2. 独立核心

在个人 IP 的最核心部分，创作者经过一段时间的发展之后一定要将其独立。在创作者对个人IP进行赋能之后，如果其原有核心不能进行独立发展，那么赋能就没有了发展的主体。

3. 自我发展路径

在进行了赋能策略之后，创作者一定要找到自我的发展路径。赋能分为主动赋能与被动赋能，不管是哪种赋能，创作者一定要找到那条可以促进个人IP发展的路径。个人IP在进行赋能后一定可以获得更长远的发展。

4. 完善生态体系

赋能的最终意义是一定要帮助个人IP建造出一个十分完善的生态体系。当主动赋能与被动赋能同时发展的时候，能使赋能与个人IP达到协调发展，达成共同进步。只有这样才可以达成完善的IP赋能策略。

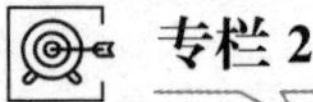

专栏 2-3

王冰冰：粉丝打造出的顶流IP

2020年，如果要让网民们评出一个当年最顶级的IP，可能大家在前半年还会有一些疑问，但是到了下半年，一个名字突然就出现在了网民们的面前。“央视最美女记者”“国民初恋”等一系列称号都降到了同一个人身上，这个人，就是王冰冰。

1. 个人简介

王冰冰，吉林长春人，毕业于吉林大学播音主持专业。2012年毕业之后，王冰冰进入吉林省青少年报刊总社实习，之后进入中央广播电视台吉林记者站工作。王冰冰曾经参与过中国人民空军成立70周年航空展、长春电影节、2019年中央广播电视总台春节联欢会吉林分会场等采访工作。

2020 年 8 月，王冰冰的一则新闻内容被网友发至 B 站，因为其甜美的外表与没有距离的亲切感登上了微博的热搜。同年 9 月 22 日，中央电视台新闻频道在 B 站发布名为《总台记者王冰冰："快乐小草"，再也不用担心会"秃"了》的新闻报道视频，之后再次登上了微博热搜，被网友称为"央视最美女记者"。

2020 年 12 月 31 日，王冰冰正式作为 UP 主入驻 B 站平台，当天粉丝量突破 100 万人，刷新 B 站百万涨粉最快纪录。截至 2021 年 2 月 16 日，其 B 站粉丝数已经超过了 417 万人，成为了最新一代的顶流 IP。

2. 个人 IP 的打造

王冰冰上午在 B 站注册了账号之后，中午发布了视频，结果到晚上粉丝就突破了 200 万。任何明星入住 B 站都没有获得如此顶尖的待遇。在这个时代，长相甜美的人非常多。在网络上我们可以看到各式各样长相出众的人，可是为什么王冰冰能在短时间内吸引到如此之多的粉丝呢？在对王冰冰这个个人 IP 进行分析之后，也许答案就非常明了了。

王冰冰具有极其出色的业务能力。在毕业之后，王冰冰进入了央视这个"国家队"进行了多年的历练，造就了自身十分出众的业务能力。在中央电视台发布的视频当中，观众们可以清楚地发现其出众的语言组织能力与清晰的逻辑。在这个时代，如果想要造就一个顶级的个人 IP，那么其自身一定要能进行具有深度的内容输出。如果王冰冰仅仅是依靠外貌，那么一定不能吸引到如此之多的观众。在许多播音专业的专业人士的分析中，他们都表示王冰冰的业务水平十分到位，并且在节奏的把握上也非常的强。在做个人 IP 时，积累专业知识和把专业知识以内容的形式源源不断地输出，去影响更多受众的认知，是非常重要且必不可少的事情。

3. 个人 IP 的营销

在王冰冰这个 IP"爆火"的背后，同样也离不开其对于这个 IP 的营销，同时，对于这个IP营销时也运用了多种策略。

IP的“爆火”与粉丝之间有着密不可分的关系。很多顶级IP的成功都离不开其背后的粉丝。粉丝已经成为一个IP成功或失败的主要原因。许多人只看到了王冰冰在入驻B站之后一天涨粉超过百万，但是却忽视了王冰冰之前已经是一个极具话题性的人物。在2020年下半年，王冰冰已经多次登上微博热搜。此举已经为王冰冰积累了一定的话题性。在此时，王冰冰已经获得了一些核心粉丝。随后，这些核心粉丝在B站上传了一系列关于王冰冰的视频。这种粉丝效应帮助王冰冰在平台上进行了再一次的传播。越来越多的人通过粉丝传播的视频了解到了王冰冰这个人。同时，央视在这一渠道上再一次对王冰冰进行了造势。由于央视自身巨大的影响力，在央视上传了王冰冰的视频之后又使得王冰冰这个IP达到了一种空前绝后的地步。此时，当王冰冰这个IP正式创建之后，其获得了一般个人IP创造者不敢想象的成就。由此可见，王冰冰这个IP的“爆火”并不是一日之功，在这个IP“爆火”之前已经有了许多的铺垫。所以，创作者在进行个人IP的创作时，一定要注意一系列的方法。

八、个人IP营销的出圈策略

随着时代的进步与消费者需求的快速变化，以及市场品类的各种细分，各大IP之间的竞争也变得越来越激烈。并不是每一个个人IP都可以做到顶端。有时候，如果只在一个圈内做个人IP的话可能会导致自己能分得的“蛋糕”较小。同时，在大众市场当中又存在着更多的流量基数。所以个人IP在营销时可能要考虑到出圈策略。

个人IP营销出圈的最大意义在于可以让个人IP在领域中从存量市场竞争转而去开拓新的市场。这一举动不仅仅可以摆脱内卷，对同领域的个人IP进行另一方面的竞争，同时也可以让个人IP向更大的市场推广，从而获得更多的流量。在此，如何进行出圈策略可能是个人IP创作者比较关心的问题了。并不是每次从圈内跳出都可能获得巨大的流量，如果跳的位置不对，可能个人 IP 就跳入了万丈深渊。所以，个人 IP 出圈时需要注意以下几个方面，如图 2-10 所示。

用心销售，内容为王

- 浮于表面的东西在现在这个信息化的时代已经很难去打动消费者了。只有用心地将个人IP的内容进行耕耘，才能让更多的人关注。只有打造出优质、有深度，能让人们受用的内容，个人IP才可以更好地获得出圈的效果。

确认市场细分

- 这一部分主要是因为创造者需要了解到出圈的本质，出圈的本质是为了吸引更多目标范围之外的用户。所以，在进行市场细分之后可以更好地抓住目标群体，并且根据目标群体进行深层的内容打造，加强目标市场的认知度。

结合个人IP与市场现状

- 在使个人IP出圈时一定需要对市场进行考虑，避免进行不必要的出圈。同时，创作者如果想要出圈，一定要对自身进行深挖，找到适合自身IP与适合市场的地方。有时盲目出圈也许会吸引到一部分的外部流量，但是如果所跳出的地方与自身IP以往所打造的价值不符，则很有可能会损失掉以前的核心用户。

图 2-10　个人 IP 出圈注意事项

如果要进行个人 IP 出圈的话，一定要遵循以上三点原则，否则很容易造成事倍功半的效果。

九、个人 IP 营销的造势策略

在这个互联网时代，如果一个 IP 不懂得借势造势，是很容易消失在社会的进程之中的。一个 IP 如果可以将造势策略运用合理，则可以很好地提高 IP 的话题性与粉丝黏性。

第一，当一个 IP 如果在其推广的圈子内已经收获了大量粉丝，可以利用借势造势的方式来帮助其提高粉丝量。创作者可以寻找与个人 IP 相联系的点，然后找到共通领域。举个例子，对于故宫而言，本身就是一个巨大的IP，其展现出了中华上下五千年的传承与一些历史的沉淀，但是在近些年来，故宫与手游、动漫、珠宝、Kindle、小米等各行各业的产品进行了联动。其合作已经渗透到了方方面面，不管是渠道、事件，还是人物，故宫都一直在寻找可以借势造势的热点来为自己的IP进行宣传，为自身IP吸入流量。同时，其借势造势也符合了打造IP的公式。过去故宫的IP标签形象是历史悠久的文物保护单位，现在故宫的IP形象是新潮时尚。持续不断的内容营销，让故宫这一古老品牌摇身一变，成为最古老又正青春的超级IP。

第二，借势造势也并不是单方面的获利，而是让双方都互利互惠的一件事情。借势造势的这一举动其实是双方的，既是借势的一方，也是造势的一方。如果个人IP可以很好地找到有共同点的其他IP，其一定要与他人进行合理的沟通与合作。这样一来两个IP都可以很好地从另一个领域吸收流量，达成流量共通。

章末案例

Papi酱：一个集美貌与才华于一身的女子

随着个人IP产业的发展与互联网时代发展的进程，越来越多的个人IP进入了我们的视野。比如崔永元、刘强东、马云、咪蒙、樊登、李佳琦……而如果有人在网上说出“一个集美貌与才华于一身的女子”，你会想起谁呢，毋庸置疑，你会想起Papi酱。Papi酱被冠以“2016年第一网红”的称号，其也是中国第一代的网红。以夸张、搞怪的风格被大众所认知；同时，也被视为网红界的一个超级个人IP，受到诸多投资人的青睐。那么，这样一个大龄女孩是如何获得这些“殊荣”的呢？她又是因为什么才构建出了这样一个顶流个人 IP 呢？

1. 个人简介

Papi 酱于 1987 年出生于上海，本名姜逸磊。其于 2005 年考入中央戏剧学院导演系本科，并先后担任某娱乐网站的网络主持人。曾经的 Papi 酱只是想成为一个好的演员，但是因为自身“没有那么的好看”“与其他好看的演员在一起可能会有一些自卑”而到了毕业也没有什么戏约。如果不是更早地专注到了自己想要做的事情上，她可能就只是单纯考博，并成为一名教师了。在成为“第一网红”之前，她就已经在各个平台上发布了几千条的视频。在 2012 年，察觉到互联网发展背后蕴藏的巨大红利的 Papi 酱开通了自己的微博账号，并且用文字段子、GIF 等方式进行创作。同时，在天涯、豆瓣、B 站上进行一系列的作品发表。2015 年 10 月，Papi 酱开始在网上上传一系列的原创影片，以一个大龄女青年的形象对日常生活及琐事进行了一系列的吐槽。2015 年 11 月 11 日，他的作品《喜迎双十一》在朋友圈、微博，以及一系列社交平台上转发。2016 年，Papi 酱获得了各大资本的投资，四大主要投资者以 1200 万元购买了 Papi 酱 12% 的股份。在融资之后，对其第一次广告进行拍卖，最终以 2200 万元卖出，并且广告所获得的收益 Papi 酱全部捐给了母校中央戏剧学院。

2. 个人 IP 的构建模式

对于 Papi 酱这个个人 IP“爆火”的情况，很多人感到十分的困惑：为什么一个相貌没有那么出众的人可以构建出一个如此有价值的个人 IP 呢？其实对 Papi 酱进行一系列的分析之后，我们会发现 Papi 酱的成功也许并不是那么的偶然。她所展示的内容总是释放着正能量。要知道，她是一个网红，主要靠视频、直播等方式与大家互动。

一提到网红，一般人都会认为是靠脸吃饭、靠色诱人、靠低俗哗众取宠。但 Papi 酱的内容大多是以人们的日常言行或大众关注的社会热点现象为题材，如追星、人情关系、就业、奥运等。毒舌般的吐槽，尽管有些夸张，但善恶分明，崇尚真实，摒弃虚伪，有清晰的价值观，再加上搞怪、幽默的表现方式，满足了当今很多人的内心需求，因而吸引了大量粉丝。从以下几个角度，让我们梳理一下 Papi 酱的个人 IP 是如何建立的，如图 2-11 所示。

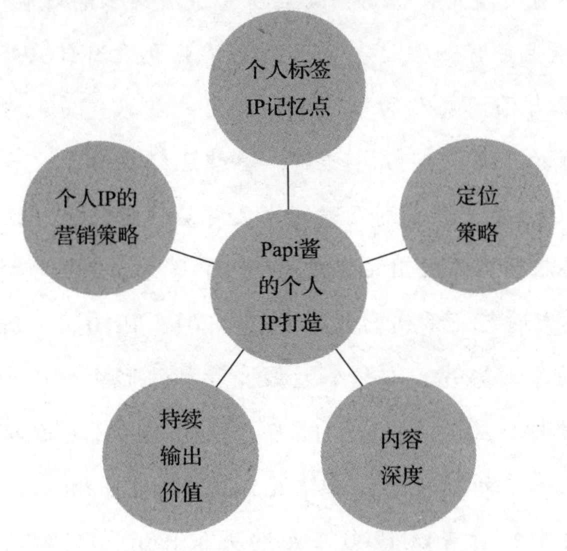

图 2-11　Papi 酱的个人 IP 打造

（1）个人标签 IP 记忆点。

一个个人 IP 在众多 IP 中脱颖而出一定有一个非常重要的点的，而这一个点就是独特性。独特性是衡量一个 IP 是否具有爆款 IP 潜质的最基本特征，也是区别于其他 IP、扩大知名度、树立品牌力的决定性因素。一个 IP 只有具备独特性才能被大众所识别、记忆，从而产生认可度和忠诚度。Papi 酱在创造这个个人 IP 的时候就很好地利用了这一点。其利用了标签化来使 Papi 酱这一 IP 给观众们带来了深刻的记忆。当人们看到高校类型的短视频就会联想到 Papi 酱；当人们看到“集美貌与才华于一身的女子”就会联想到 Papi 酱；当人们看到一些变声吐槽类的短视频就会联想到“Papi 酱”。这些标签全都是 Papi 酱在打造这个 IP 时对观众做出的潜移默化的影响。现在提到 Papi 酱，观众们可能不会那么清楚地记住 Papi 酱所创作作品中的具体内容究竟是什么了，但是观众们却可以清楚地记得这些标签。在传播学中有非常重要的一点就是人们可能记不清内容是什么，但是可以清楚地记住视频给观众留下的那种感觉。

Papi 酱在视频制作的时候十分注意标签化这一方式，在每次视频的结尾，她都会对“这里是 Papi 酱，一个集美貌与才华于一身的女子”进行重复。观众在潜移默化之中就对这个标签产生了记忆。观众们在听到类似的词条之后就会很快地对 Papi 酱进行联想。人们的脑子并不能在这个信息碎片化的时代对所有事情都进行记忆，但一定会记住一些经常重复，并且记忆深刻的点。这就是标签化的重要性。

（2）定位策略。

在短视频营销的风口上，那么多人都在进行短视频的创作，可为什么 Papi 酱能够在最后激烈的竞争中取得的优胜呢？这就是 Papi 酱进行定位的重要性。在 Papi 酱“爆火”之前，其已经在各大平台上进行了许多的创作，其上传的视频已经超过了上千条。Papi 酱在上传的视频之中找到了一些反响非常好的作品，并对其进行了一系列的归纳整理，然后找准了自己这个 IP 在未来发展之中的定位。在定位账号时，Papi 酱首先为其贴上明确的标签，并专注于吐槽类短视频这个领域的发展，然后通过自我分析和竞品分析，做好了自身的内容定位。在定位过程中，Papi 酱又从用户需求出发，描绘用户画像，挖掘用户的需求痛点。在很多 Papi 酱的视频当中，我们会发现其讨论的许多问题都是在那个时候社会上讨论得非常“火”的问题，或者是在社会中一些经常引起人们讨论的问题。Papi 酱利用这些方式做好精准定位，为 Papi 酱这个个人 IP 的“爆火”打下了基础。

Papi 酱毕业于中央戏剧学院，她清楚地知道自己是谁，自己最大的优势在什么地方。对于具体擅长的方向，她也有一个十分明晰的目标。同时，在自己创作的视频中，她通过研究发现了自己要传递的价值究竟是什么。如果人们在看完她的视频之后觉得没有价值，也不会有人去关注她。

她在视频中深刻地体现出了自己的价值观念，并且这个价值观是十分正向的。当价值观与用户趋于一致，使观众产生了共鸣，这样就可以提高其 IP 的曝光度与作品播放量。之后，Papi 酱就确定了自己的视频风格，运用变声加速的方式确定了今后视频的风格定位，用这样的形式来诠释其主题。并且在这么多年之中维持着这样的视频风格，坚持着这样的标签。这种定位方式在 Papi 酱的个人 IP 创建中展现得淋漓尽致。这同时也符合了 IP 定位的三大策略。

（3）内容深度。

Papi 酱的视频所表现出的内容是十分符合当下大多数渠道的要求的，并且对 Papi 酱这个 IP 用一种更全面的方式进行了展示。在其创作的视频当中，观众可能在视频点开始时图一乐，看的时候会觉得这是逗开心的，但是看完视频之后仔细来想，你会发现这是对社会的一些不良现象及行为具有的一定的嘲讽。在其中一期 Papi 酱的周一放送中，一个标题为《我是业务标兵，除了业务，啥都行！》中，观众会对一系列的评比与评比之中的偏见产生共鸣。在现在这个社会中，只是浮于表面的东西已经很难在信息化的时代打动观众了。只有用心地对内容进行一系列的加工，才可能让更多的人关注。如果 Papi 酱只是为了让大家图一乐，那成功的为什么不是市面上其他的一些个人 IP 呢？如果视频没有深度，做出来的东西不能让人们感到反省，那个人 IP 怎么会达到这种效果呢？同时，其输出的价值使得不同类型的观众产生了发自内心的认同感，不仅具有传播广度，跨越了各行各业，同时也在深度上对观众造成了很大的影响。这种方式也使得观众对于 Papi 酱这个个人 IP 产生了更强的黏性。

（4）持续输出价值。

Papi 酱在对个人 IP 进行的创建并不是短时间的一个成果，而是一个日积月累所制造出来的产物。许许多多的 IP 可能在创建的时候有着很不错的热度，但是随着时间的流逝，创作者不能持续地在个人 IP 上进行内容输出，变成了转瞬即逝，今天创作明天晒网。从 2013 年开始，Papi 酱就开始进行内容的创作。当你打开 Papi 酱的微博与其他内容推广平台就会发现，其作品是持续进行更新的。能将内容创作持续进行三年以上的人连 1% 都不到，而 Papi 酱却能持续地进行更新。Papi 酱周一放送这一档视频，自从创建 Papi 酱这个个人 IP 之后，除了因为个人怀孕的因素外是没有中断过的。同时，Papi 酱还提供了其他几个板块，为其粉丝持续提供高质量的输出。

在各个平台上，Papi 酱与其粉丝持续交互沟通，她会定期地回答评论下的一些问题，并且会对一些提出的问题专门出一期视频，对于观众提出的一些不足的地方，Papi 酱会对其进行自我审核和修改。这种方式更是大大地增加了这个个人 IP 与粉丝之间的黏性，也使 Papi 酱这个个人 IP 持续火热到了现在。

（5）个人 IP 的营销策略。

Papi 酱这个个人 IP 在营销策略方面也有着许多值得其他创作者学习的地方。对于 Papi 酱这个个人 IP，创作者成功地满足了传看者的一定需求，并且制造了十分成功的策略。因为 IP 是一个文化产品，其必须拥有自身的价值，而 Papi 酱就是一个十分吸引他人的 IP，因为其持续提供了高质量、有价值的输出。同时，Papi 酱在创作中体现出了最核心的价值观与世界观。观众在 Papi 酱的视频当中不会见到违反正常人三观的一些问题，即使见到也一般是 Papi 酱在对其进行一系列的讽刺。Papi 酱在内容创作中并不只是停留于故事层面的快感，而是在故事中强调世界观。另外，Papi 酱在营销个人 IP 时选择了正确的渠道，IP 具有一定的传播性。Papi 酱在各大主流渠道都进行了一系列的推广。起初在微博、天涯、B 站上进行的传播，在短视频平台“爆火”之后又在抖音等其他短视频平台上进行了推广。多方面渠道的推广也帮助 Papi 酱获得了更多的粉丝及流量关注。

Papi 酱对个人 IP 的营销远远不止于此。其在搞笑吐槽视频领域“爆火”之后，积极地参加了许多公益节目及社会活动。当 Papi 酱对其第一次广告进行拍卖时，在社会上引发了一定的话题性。当 Papi 酱将拍卖的收益全部捐赠给其母校中央戏剧学院时，又获得了社会上的一系列好评。同时，自2017年以来，Papi酱更是参与了许多的综艺节目，例如《吐槽大会》《明星大侦探》《女儿们的恋爱》《令人心动的offer》等。同时更是出演了商业电影《妖铃铃》。这些方式都帮助Papi酱这个IP获得了许多的话题性，并帮助其从固有的圈子进行了出圈。以上种种的IP营销方式都帮助Papi酱这个个人IP获得了巨大的推广，同时也为其带来了许多的收益。

3. 总结与启示

经过以上对于Papi酱这个个人IP的分析，我们已经大致地了解了为什么Papi酱这个个人IP可以成为行业内顶流的原因了。随着社会一天天的发展，个人IP已经慢慢地取代传统方式的运营，而流量也成为行业发展的一个十分重要的因素。然而，在越来越多人都在创建个人IP的情况下，时代的红利也逐步地消减，而一些顶流的IP与一些底部的IP的直接差距也变得越来越大。在这样的情况下，如果不能抓住个人IP构建的本质，对各大顶流IP进行一定的分析，那么就很难创建出一个新的现象级的IP。从Papi酱这个IP创建的成功道路中，我们可以从中获得一些启示。

第一，在创建IP时一定要打造好一个属于自己的标签。就像Papi酱自身所带的种种标签那样，如果在创建个人IP时能给自己添加一个好的标签，观众在潜移默化之中就会对你这个标签产生一定的记忆。在之后观众们看到或听到类似的标签之后就会对你这个IP进行一定的联想。

第二，在创作个人IP时一定要注意内容的深度与持续性。如果将个人IP的创建形容成为一条路的话，那么创作内容的深度可能就是这条道路的宽度，而创作内容的持续性就是这条道路的长度。只有创作者能够持续地给观众提供非常有深度、有营养的内容，观众才会感受到你这个IP的魅力，他们才会对你这个IP进行持续的关注。如果创作者可以持续地对内容进行输出，那么能够持续关注这个IP的人就会变得越来越多，创作者与粉丝之间就会慢慢地产生一条看不见的纽带。而当这条道路变得越来越长的时候，走在上面的人也会随之增多。在宽度与长度两个维度的增持之下，个人 IP 的发展将会变得越来越好，流量也会变得越来越多。

第三，对于个人 IP 创建的营销策略一定要进行研究。闭门造车已经不足以让一个个人 IP 在这个时代成功了。如果没有一定的营销策略，那么这个个人 IP 可能只能在小范围内进行传播；如果能够运用好各种营销策略，那么就可以帮助创作者把个人 IP 推向更多的维度。

本章小结

现如今个人 IP 的商业力是越来越不能忽视的一块领域了。一个顶流个人 IP 可以带来的商业价值是不可估量的。可是随着越来越多的创作者开始进行个人 IP 创作之后，在这块市场中并不是每一个创作者都可以分得一块蛋糕了。如果不能对个人 IP 进行一个系统性的运营，那么创作者是很难将个人 IP 进行成功的创造的。在个人 IP 的商业时代中，只有对个人 IP 有着深层的认识，对其进行深度的打造，并对其运用合理的营销策略，这样才能让个人 IP 发光发热，创作者才能在这块市场之中占据一定的地位。

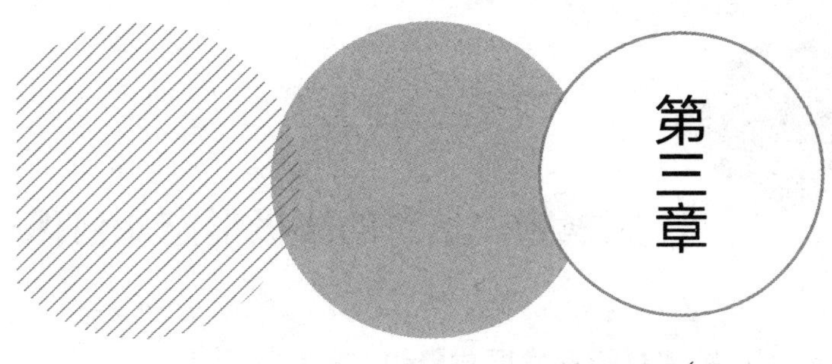

第三章 / 爆款内容运营

视频的本质就是信息，且视频即为信息的终极形态。在商业领域中，企业可以将商品的信息通过视频的方式传递给消费者，消费者根据接收的信息做出自己的消费决策。在短视频成为趋势的今天，无论是对个人还是企业都可以通过抓住这波视频红利，开启不一样的人生。做好短视频的第一步，就是做好视频号的内容规划及创作。

未来需要 1000 万视频创作者，毕竟有十几亿人在网上消费视频。

——哔哩哔哩董事长兼 CEO　陈睿

开章
案例

短视频，信息的终极形态如何抓住红利

1. 短视频行业发展成趋势

说起过去的2020年，最让人印象深刻莫过于新冠肺炎疫情了。新冠病毒肆虐至今已经感染了全球超一亿人，影响着世界各地人们的日常生活。在新冠肺炎疫情开始被人们重视的那日起，人们就开始戴起了口罩，少聚集甚至不聚集，许多行业在疫情期间因此受到很大的打击，比如餐饮、电影、旅游等行业，人们的社交距离也因防疫措施变得更远了。

在一切好像都在走下坡路的时候，一个行业逆势而上，发展迅速，许多人也开始转行进入这个行业，而这个行业就是短视频行业。2020年9月15日，抖音在上海举办第二届创作者大会，发布最新的创作者扶持计划，未来一年将投入价值100亿元的流量，帮助创作者在抖音创收800亿元。许多企业将视角转到了短视频行业，短视频行业的发展已经成为一种趋势，无论是对于个人还是企业来说，都应该顺应甚至推动这个趋势的发展。

2. 视频——信息展示的一个方式

说起视频，我们脑海里大多数想起的应该是那些电影、电视剧的片段。我们通过观看视频，了解导演、演员们为我们讲述的故事，其实在这时视频就已经在为我们展示信息了，但相较于其他信息展示方式，视频有两个最基本的特点。

（1）高效。

即相较于图文信息，视频能在更短的时间内将信息有效地展示给接收

者。短视频行业已经成为一种趋势，要想在这个趋势中得到一波红利，我们先要了解一下视频的本质。其实，前面我们就谈到过，视频的本质就是信息，在商业领域中，企业可以将商品的信息通过视频的方式传递给消费者，消费者根据接收的信息做出自己的消费决策。

在信息化条件如此发达的今天，我们可以通过很多种方式来展示信息，除了视频，还有文字、图片和音频等，比如消费者可以根据商品的一个介绍和使用说明建立起对这个商品的基本认知。对于文字、图片这一类的信息展示形式来说，它们可能比较适合于一些偏标准化商品的简单信息的传导。对于这些商品来说，它们的消费者只要在正规的渠道上购买，获得的商品质量就不会有太大的差别，因此对于这些商品，消费者只需根据这些图片、文字信息就能快速地做出自己的消费决策。对于一些消费者很难快速做出消费决策的商品来说，视频可以帮很大的忙。以口红来说，相信每一个消费者在购买口红时，都有过无法抉择的烦恼，在购买平台上虽然会有每一个口红色号的图片，但是平台配的图片通常会经过精修和灯光的修饰，不能将口红色号真实地展示给消费者，因此不能很好地帮助消费者快速找到适合自己的那一支口红。视频直播就可以很好地解决这一问题，“口红一哥”李佳琦在直播口红时，他会给观看直播的观众一一展示不同色号的口红上唇后的效果，根据不同肤色、不同需求的消费者提出自己的建议，与此同时消费者也可以根据不同口红在李佳琦唇上的效果选择自己心动的色号，李佳琦的视频直播可以帮助消费者快速地选到自己喜欢且适合的口红。

通过口红这个商品的例子，我们可以看到视频相较于普通的图片文字可以让消费者更好地了解商品，视频可以更加有效且更加丰富地展示商品的信息，当企业将商品的信息提供得越全面、信息密度越高，就能让消费者更加相信产品，从而让消费者更快地做出消费决策。这也是为什么近年来的直播带货和短视频营销变得非常“火”的一个重要因素。

（2）经济。

视频对于其他信息传播方式来说更加“便宜”。现今，如果想要向朋友描述身边景色的壮丽，通常只需要用视频记录下景色然后分享就可以了，朋友可以通过观看录制的视频真切地感受景色的美丽。在保证朋友能够获得同样效果的前提下，如果使用文字、图片传递信息来达到同样效果就很难。若是使用文字，普通人通常就是用好看、漂亮、壮观等一系列词汇来向朋友描述景色，要想让朋友可以获得同样的效果就要求分享者要有一定的文学功底。比如一条小溪，我们通常只会用清澈、清新来形容，如此形容我们的脑海里只能浮现一条普通的小溪，并没有什么特别的，但是如果用“明月松间照，清泉石上流”，我们的脑海很快就能浮现在一个静谧的月光下，林间清澈的泉水在石头上淙淙流过的景象，让人感觉如临其境。一个普通人想要有这样深厚的文化功底就需要长时间的积累。其间的成本是很高的。若是通过图片来传递，它的效果肯定比文字好很多，却也是逊色于视频的效果。图片虽能让朋友看到实际的景色，却是静止的，没法从多个角度感受到实际的景色，因此效果稍有缺憾。

总之，随着互联网基础设施的完善，消费者可以很方便地通过多种信息传播的方式获取商品的信息。随着信息技术逐步的发展，5G 网络逐步布局，宽带速度逐步提高，我们的上网速度变得越来越快，企业利用视频来传播信息变得越来越经济。

3. 视频带来巨大红利

星站 TV 创始人朱峰曾这样说过：“短视频是信息的终极形态”。就像上文所说，在互联网上，触觉、味觉、嗅觉无法数字化，视频可以让人类用视觉和听觉去体验，在现在这个时代，视频就是展示信息的终极形态。正是视频的这一特点使得它带来了红利，比如人们可以利用直播进行产品买卖，让观看直播的消费者能更好地了解产品，从而促进了消费。2019 年，仅淘宝直播交易额接近 2300 亿元，如果再加上其他平台，其中的红利不可想象！

第一节　视频号内容规划及创作

现如今市场上有许多的短视频 APP，每个人都能申请自己的视频号，不同 APP 有它不同的特点，想让自己的视频号得到大众的喜爱，最重要也是最基本的一点就是做好视频号的内容规划与创作。只有视频号创造的内容是大众感兴趣的，才能激发他们看下去的欲望；只有视频号内容是优质的，才能让他们继续追下去并期待视频号的更新。因此这一小节主要介绍有关于短视频制作的步骤、什么类型的短视频会受到大众的喜爱、怎样让自己的短视频获得他人的青睐、剖析爆款短视频的创作思路。

一、创作短视频内容的六大步骤

在日常生活中，无论是企业还是个人都有接触短视频的机会，且频率也越来越高。企业可以通过制作短视频来做产品的宣发工作，同时也可以根据热门的短视频来掌握消费者的偏好；个人可以通过制作并发表短视频来扩大自己的影响范围，让更多的人认识自己，提高个人的价值。总之，短视频行业发展已成为一个既定的趋势，对于企业或者个人来说，制作优质的短视频，对于运营好视频号至关重要。短视频制作步骤如图 3-1 所示。

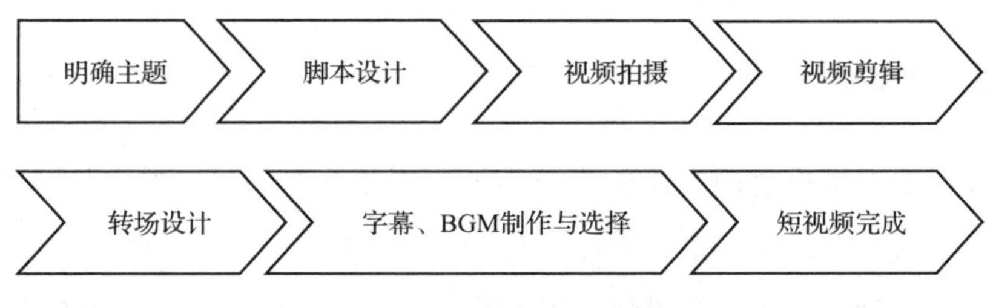

图 3-1　短视频制作步骤

1. 明确主题

我们在做任何一件事之前都有一个中心点、立足点，在制作短视频时也需要围绕一个中心点，那就是主题。在制作短视频之前，我们要明确短视频要制作给谁看，这些观众所处的群体会喜欢我们所制作的视频吗？通过找准视频的用户定位，再根据用户群体的兴趣确定视频的主题。在视频有了主题之后，再去有针对性地策划、制作，如此更能保证短视频制作的每一个环节都能高效地完成。假设你是做婚纱摄影的，拍摄短视频前就必须确定主题是什么、由此确定需要搭建什么样的场景、需要什么样风格的服装及其他配套设施。如果主题并未明确就开拍，就很容易出现拍到一半就放弃的现象，白白浪费时间。

2. 脚本设计

脚本是短视频制作的核心，如果有一个好的脚本，短视频就成功了一半。脚本要设计好，先得知道什么是脚本。脚本也可以称之为剧本，脚本可以说是故事发展的大纲，用以确定故事的发展方向，确定故事到底是在什么地点、什么时间、有哪些角色，角色的对白、动作、情绪的变化，等等，这些细化的工作都是剧本上所要清楚确定下来的。除此之外，脚本上还得备注清楚哪段文字需要出镜讲解，哪段文字不需要人物出镜，写文案脚本时要注意措辞，通俗易懂且富有哲理。如果全是生僻字的话，写得再好，也难以转化为语言，白白浪费精力。写好文案脚本之后再去取景拍摄，效率会提高很多，效果也会好很多。

3. 视频拍摄

如何拍摄得更能凸显主题也是需要实操进行练习的，涉及很多技巧，需要根据具体的场景才能更好地掌握。以抖音为例，说几点技巧。

第一，应尽量保证短视频的主体在左中上方，同时画面要根据屏幕来构图。因为很多的短视频 APP，比如抖音，它的点赞、评论、转发和头像在屏幕的右方，屏幕下方也有创作者的账号 ID 和标题，所以根据这个尽量把视频画面放在左中上的位置，以免被遮挡。

第二，竖屏呈现，竖屏拍摄能够把画面聚焦于人物，也符合用户的观看习惯；还有拍摄的构图方法，根据前人总结出的经验，有黄金分割法、中心构图法、对角线构图法、三角形构图法、留白构图法、S 型构图法等，这些都需要创作者一点一点去学习并积累经验。

第三，要尽量保证短视频的背景干净整洁。为了突出核心的人物或场景，要避免一些杂乱的背景对人物造成干扰，建议选取干净整洁的背景，人物服饰的颜色也尽量与背景相协调，呈现出的画面才会更好看。

4. 视频剪辑

可以说每一个视频都不是一镜到底的，为了精益求精得到高质量的短视频，可以说几乎每一个片段都需要进行多次反复地拍摄，因此在形成正片前会有大量的视频素材，这就需要剪辑师将这些视频素材进行对比，精挑细选出最好的片段，在将其剪辑出来，为后面的成片做准备。

5. 转场设计

短视频制作过程中转场分为两种。一种是前期拍摄，利用摄影机相同的运动轨迹或相同的视频元素，对两段视频进行衔接。第二种是后期特效，用转场特效制作假的摄影机运动，配合相应的音效完成无缝转场。整体来说前期拍摄的无缝转场效果更好，更加自然，但后期特效，往往可以完成高难度的摄影机操作。

另外，根据转场的技巧性可以将其分为两类：无技巧转场和技巧转场。无技巧转场指的是用镜头自然过渡来连接前后两段内容，强调视觉的连续性，运用时要注意寻找合理的转换因素和适当的造型因素。常用的无技巧转场技巧主要有声音转场、特写转场、主观镜头转场和遮挡镜头转场。技巧转场指的是在剪辑软件中有很多技巧的转场，以提示观看者，能给观众带来明显的分段感。在短视频上常用的借助软件转场的有三类，分别是淡入淡出转场、叠化转场和划像转场。

6. 字幕、BGM 制作与选择

字幕与背景音乐 BGM 可以说是每一个短视频的标配。一个视频有了字幕可以让观众更容易看懂视频，有的视频的配音会采用方言，或者故意变化语音语调来吸引观众，就比如说 B 站鬼畜区的视频，如果没有字幕，可能很多人都不知道配音在说什么，加了字幕观众就不用费劲猜了。BGM 是一个视频的灵魂所在，可以肯定，一个好的视频的 BGM 肯定和视频内容、视频主题很契合，因此在创作者在短视频 BGM 选择上要慎重。

总之，通过以上六步，一个完整的短视频就制作好了，其实很多事情看起来难，只要我们掌握了方法，同样也可以制作出受人喜欢的短视频。

二、热门视频内容的七种类型

短视频的火热发展让越来越多的人参与到了视频制作中，每个创作者的创作内容都不尽相同，由此视频的内容也越来越丰富。在海量的视频中许多视频冲上热门受到大量观众的喜爱，接下来就介绍几种类型的热门视频内容。

1. 搞笑类

在众多类型的视频中，搞笑类视频的受众可以说是最广的，甚至可以说 100% 的用户都是受众群，毕竟，每个人都想要开开心心的，没有人跟快乐过不去。具体的搞笑类再细分就有模仿、恶搞、自黑等类型。笑点在生活中有很多，来源于生活的搞笑作品是最受人喜爱的，可以多留心生活中的搞笑点滴然后加以创作。或者在网上找一些搞笑段子，自己筹备道具演员，自己拍。这样就会有一定成本投入了。

2. 颜值类

这是个看脸的时代，帅哥、美女总能让人赏心悦目。在抖音上我们最能刷到就是各式各样的帅哥、美女视频，他们只需说几句台词，摆几个姿势，甚至拍一下眼睛的变化就会收获大量的点赞与转发，有的还会变成一股潮流，引得众人竞相模仿，其实这类作品质量并不高，它只是博取了人的眼球。

3. 美妆类

说到美妆类，大家首先想到的两位美妆博主应该就是李佳琦、薇娅吧！的确近几年美妆市场越来越火热，人们对美妆、护肤类的产品需求越来越高，随之美妆类的视频越来越受观众们的欢迎。就比如在李佳琦和薇娅直播时，通常都有上千万观看人数，在一些特别的时期，比如淘宝“双 11”活动期间，他们的观看人数可以达到上亿人次，可见这类视频的火热。

4. 技能才艺类

这种类型的作品在快手上热门的概率是很高的，而且吸粉能力相当强，毕竟能把一件事情做到极致，不是每个人都能做到的。比如健身达人发一些高难度的训练动作，如高难度倒立、俯卧撑、单杠等，可以吸引很多“羡慕、嫉妒、恨”的男粉，还能吸引喜欢肌肉男帅哥的妹子。再比如一些美术类的视频，用笔画一些当红明星，比如赵丽颖、胡歌、王一博等，跟明星相关自身就蹭了流量，会引流不少的点赞和转发。当然技能类作品还有很多，这本身就是一个自媒体时代，运用短视频把自己的特长技能曝光也是很好的一种吸粉方法。因为你会的别人不一定会，别人不会就会崇拜你，关注你，就是这么简单。

5. 治愈类

治愈类指的是创作的视频可以安抚、治愈我们的心灵。在现今社会中生活速度加快，每个人都在为生计而奔波着，“996”的生活让人身心疲惫，身体疲惫多休息就能恢复，但心灵上的疲惫却得不到抚慰，因此治愈类视频会受到大众的喜爱而成为热门的视频类型。

6. 正能量类

这种作品是做起来最简单的，上热门的难度也不是很大。大家的生活经历都差不多，视频创作者说白了就是直接切入观众的内心情感，抓住了用户内心感情薄弱的一面，作品里一般都是讲述爱情观、人生观、价值观等。如果用户进来观看后觉得说的对，整体体验度还不错，顺便给你个双击那是很简单的一件事情。不过这类视频也有个小问题，如果同意你的观点，那他会疯狂给你点赞和转发；如果不同意你的观点，那他可能会骂得你狗血喷头。做这类视频，需要有一定的心理承受力。

7. 宠物类

如今喜欢小动物的人越来越多，特别是“猫星人”和“汪星人”。其实很多人都想养宠物，但出于各方面的原因没法养，他们可以通过平时观看萌宠视频愉悦身心弥补自己的遗憾，另外，在观看视频的同时还可以学习怎么养宠物，为以后养宠物提前做好功课。

专栏 3-1

“刑部尚书”手工耿

短视频的流行“火”了很多的视频博主，有的致力于搞笑娱乐他人，有的致力于分享美食，有的致力于分享生活小妙招……他们每个人都利用具有个人特色的视频俘获了很多观众。在这些视频博主中大多为一些搞笑博主，通常做搞笑视频更容易得到观众的喜爱，手工耿却是众多制作搞笑视频博主中不仅受到央视的表扬还引起了国外媒体注意的博主。他的视频到底有什么魅力呢？

1. 人物介绍

手工耿本名叫耿帅，1988 年出生于河北保定的一个普通农村家庭，有的粉丝因其长相酷似影视明星樊少皇，因此为他取名“保定樊少皇”。手工耿在 2017 年开始做视频，他当初创立这个视频号是为了和观众分享他的手工制作，一开始只是在快手短视频 APP 中发表，小有名气后才开始在其他视频网站和 APP 上发表视频。手工耿的手工作品主要以“无用”著称，因此在他的视频中，粉丝心里最关注他的手工作品是否“无用”，每次手工耿新视频发布时，评论区总有粉丝评论手工耿的作品是“少皇出品，必属废品”，甚至还有的粉丝威胁手工耿若是作品有用就取消关注。虽然他的创作时间并不长，但其视频凭借作品无用这一特点很快备受观众的喜爱，从而让手工耿成为了网红视频博主。

在 2019 年 6 月 12 日，手工耿在哔哩哔哩网站发布了使用“倒立洗头机”的视频吸引了大量粉丝观看，并且现在视频播放量已达到 1000 万次以上，同年手工耿获得“Bilibili 百大 up 主”称号。在 2019 年和 2020 年，手工耿分别参与了央视 CCTV-10《讲述》系列节目《我奋斗·我幸福》和央视 CCTV-9 纪录频道录制《理想答案仅供参考》，同时手工耿的经历还在电影《我和我的家乡》中翻拍了。手工耿不仅在国内“火”了，还走出了国门，被《华盛顿邮报》《每日邮报》报道。截至目前，手工耿在 B 站粉丝量达 502.4 万，抖音粉丝量达 467 万，快手粉丝量达 467.6 万。

2. 手工耿“爆红”分析

在众多搞笑视频博主中，手工耿之所以能够脱颖而出，源于他个人及其视频中的手工制品有着特别的魅力。

第一，手工耿有一张酷似明星的脸，这使他更容易引起别人的关注，提高了视频的观看量。另外手工耿出生于农村，文化程度并不高，18岁就开始出门打工，他在工地搬过砖、和过泥，在工厂做过焊工、车工、钳工，搭过厂棚，装过暖气管道……他和所有普通人一样普通，他的视频不华丽却很质朴，让观众看得很舒服。在手工制作上他并未接受过专业的技术培训，只是有过相关的工作经验，但他的确有着很好的动手能力和创造力，所以每一次他的新作品都会受到网友的热议。

第二，手工耿的作品制作精细、种类繁多、标新立异。拍视频几年来，手工耿有许多作品，比如菜刀手机壳、不死不休跑步机、倒立洗头器、雷神之锤斜挎包、脑瓜崩神器等，这些作品无一例外都是用不锈钢做成的。手工耿喜欢漫威电影，为此他做了一个雷神之锤斜挎包，雷声之锤外貌和电影里雷神使用的很相像，材质也是采用的不锈钢，不仅有一般挎包的储物功能，还可以防身，当有人抢劫，抡起来就可以锤人。但也有网友指出，这个挎包太重了是个负担，另外手机放进去包里可能没有信号了。对于大多数人来说，可能他的脑瓜崩神器比较知名。在介绍脑瓜崩神器时手工耿指出，当和朋友玩脑瓜崩游戏时，如果手指不够力气，可以利用他的脑瓜崩神器。神器的威力太猛，被网友戏称为“脑花崩”。手工耿努力想做有用良品，每次介绍一个新作品时，他总会一本正经地说明创作背景和思路，并展示具体的制作过程。但是粉丝们还是喜欢他一贯的“无用”特色，可以说他们正是因为产品无用才喜欢，因此他们总是威胁他，产品有用就取关注！

3. 机遇与启示

手工耿就像他的发明一样，曾经被很多人贴着“无用”的标签，因为他没有和别人一样的高学历，家庭也不富裕。他也像他的那些“无用之作”，虽然看起来没有价值，手工耿却靠着它们的“无用之用”改变了自己的生活，发挥了自己的价值，通过自己的视频给很多人带来了欢乐。网络信息技术越来越发达，短视频和我们的生活也越来越紧密，大家总是会利用自己的碎片时间来观看视频，让自己得到短时间的放松。如今短视频行业发展还在继续，而手工耿已经建立了自己的特色并且积累了不少的粉丝，相信在今后的发展中，他依旧能够有很好的表现。

三、爆款选题的五大策略

在短视频创作中，选题意味着创作的方向，代表着对外传递的观点与立场，更代表着可以带给用户什么价值与输出。我们选择什么内容选题，则代表着我们可以塑造什么人设与内容定位。因此在创作选题之前，我们要了解自己服务的用户群体，通过这个群体的用户画像、成长路径了解他们的内容需求，真正以用户的需求为参考依据选择创作方向。站在内容创作角度而言，我们平时可以从日常积累、借鉴爆款、紧跟同行、抓住热点等方面寻找选题。

1. 选择痛点程度高的选题

话题痛不痛，有多痛，决定了视频的打开率。但是话题的痛点程度，不能只凭运营者的主观判断，而是应该站在用户角度考虑，多问自己：这个话题是平台用户所关心的吗？与我想影响的受众有什么利益或情感关联点？

2. 选择受众基数大的选题

每个选题都有一定的受众基数，选题的受众基数越大，成为爆款的可能性也就越大。在运营抖音的初期，适当地选择更偏向大众“口味”的话题，有利于快速获得一批种子用户。这样做也有一个问题，虽然这类视频流量高、带粉能力强，但是相应的，如果由情感类视频带来的粉丝，在你的平台看不到更多类似的内容，就会快速取消关注，即使没有取消关注，转化的可能性也会比较低。因此建议，当你积累一批粉丝之后，可以适当慢下来，多选择真正对用户有价值的内容，以便筛选出真正精准的用户，提高转化率。

3. 选题结合时事热点

时事热点是自带高流量光环的话题，紧跟热点的内容，无论多么简单粗糙，几乎都能得到比平时多得多的传播。且热点事件相对来说比较成型，只需要找到合适的切入点，而不用从零开始构思一个选题，可用较低的成本获得较高关注度。热点本身符合大众心理，易获得转发。大热点出现时，常常会呈现出刷屏之势：大众出于优越感及认同感的需要，往往对热点事件格外关注，并进行积极转发；如果自媒体生产的内容与热点脱节，很容易会被淹没在海量内容中。

4. 反复打磨优化选题

想要创作的短视频的选题成为爆款，就必须经过反复打磨。我们可以积累各种类型的好标题，不断模仿套用、分析学习。将自己爆款内容的标题，竞争对手、行业打造的爆款标题，以及类似于干货文章中讲到的经典案例都记录下来。但积累并不意味着标题库作用的实现，建立标题库的目的在于通过解构爆款标题寻找普适性规律，以便自己在工作中能够更好地运用。所以平时要常回顾标题库，分析总结。当然，灵感枯竭时，通过标题库激发灵感是非常好的选择。

四、取一个吸引人标题的九种方法

在制作完成短视频之后，多平台发布之前，大家最头疼的事情就是不知道怎么取标题。而取一个好的标题，又是运营中最为重要的一步。不管是吸引用户点击，还是命中机器的推荐逻辑，好的标题能够辅助文章和视频的传播，而不好的标题可能会将优质的内容埋没。这里列举了九种方法，帮助视频创作者通过取一个好的标题吸引观众。

1. 设置悬念

设置悬念是一种非常有效的引发好奇心的方法。好奇心是用户观看视频的重要动力，在标题中，设置疑问，如果看到疑问，想要找到答案，那么只能观看完整视频，在视频中去寻找答案。

2. 多与用户互动

多采用设问或者反问的句式，比如说，你赞同这种做法吗？大家觉得怎么样？这种句式更能与用户互动。

3. 讲故事

喜欢看故事是人们的天性。通过讲故事的方式会大大提高视频的点击率。

4. 带数字和带数据的标题

带数字的标题逻辑是非常清晰的，能够让人轻松地理解内容的要点，使人观看起来更有效率；同时数字表达更具体、形象生动，容易激发用户的兴趣，比如说“10 天瘦了 20 斤！观看视频你也可以轻易做到”就是利用数字来清晰地表达一些内容。

5. 热点事件

热点事件会增加内容曝光的机会，也就是大家常说的蹭热点。你的内容选题与热点事件相关，就尽量要给视频的标题增加相关的词，要让大家看到。

6. 引发共鸣

与用户产生共鸣可以提升流量，想要达到感同身受的效果，就要多了解用户，把视频的各个要素做到最佳，并且要与用户有触碰点，用户认同可以增加点赞量，不认同可以留下小观点，一起交流，这样，热门视频成为爆款视频的可能性就更大。

7. 明星效应

明星自身就是自带流量的，也是大家想看到的内容之一，利用明星效应是提升视频点击率的一个好方法，发布视频、在标题中利用明星的名字和与明星有关的热门词汇，这种内容很容易获得高流量。

8. 引导语

这是非常重要的一环，如“看到最后有惊喜”这种引导用户把视频看完的简单的一句话，用户出于好奇心都会看到最后。

9. 让用户产生代入感

增加短视频代入感的目的在于拉近视频观看者和制作者间的心理距离，让用户感受到视频内容与其切身利益息息相关。而一旦用户有意借短视频进行自我表达，便会激发用户在社交网络内的分享行为。有一个具体、有效且简单的方法，那就是多用第二人称——你，拉近和用户之间的距离感。

五、走心 BGM 的三大实操

一段好的短视频不仅要有内容、有创意，BGM（背景音乐）也很重要，选好 BGM 瞬间就能让短视频提升一个档次。可以说，在一个短视频中 BGM 占有很大的地位，想要做出符合观众口味的短视频，一个好的 BGM 一定是必不可少的。怎么样给视频配一个合适的 BGM 呢？

第一，对于一个制作视频经验不多的人来说，可以选择一首较为流行的音乐，可以通过借力所谓的火爆流行音乐，“蹭”一下它的热度，这也是帮助视频最快上热门的方法之一。玩抖音的小伙伴不难发现，即使一个很普通的视频，在爆款音乐的加持下，播放量也是很惊人的。有时候参与一个音乐活动的人越多，官方越会主推这个音乐的热度，以打造抖音全域爆款宣传，吸引其他平台的人进入。

第二，不同类型的视频搭配不一样的 BGM 风格。我们做任何一件事情，首先要清楚自己的定位是什么。定位的概念就是要让粉丝一眼就看出你是一个什么样的视频号，对不同类型的视频要搭配不一样的 BGM。如搞笑类视频，在选择 BGM 时如果加入更多的放大剧情中的搞笑和反转的效果，就能让视频更具记忆点。而治愈类的视频就刚好相反，它们大多采用较为缓和的轻音乐，因为治愈类的视频旨在舒缓心情、抚慰心灵，因此轻音乐舒缓的旋律可以为视频增色不少。

第三，背景音乐在选择上要和视频内容高度匹配，有节奏感。如抖音的核心就是在于丰富的内容与合适的音乐搭配，有时候完全一样的视频配上不同的音乐，效果是完全不一样的。刚开始做视频对于这些可能会没那么得心应手，因此我们在做视频号时，可以先学习他人成功的经验，多看看那些热门视频的音乐主要是哪些风格，这些热门视频用这些音乐搭配为什么会上热搜。

六、持续优质创作的五大法则

对于每一个做视频的博主来说，制作一个视频并不难，做一个优质的视频却很难，持续创作优质的视频更是难上加难，因为当一个人长期做一件事情时，就会很容易失去创造力，很难找到新的创新点。为了更好地应对这个问题，下面列了几个创作法则。

1. 极简

特别是对于初次运营视频号的朋友来说，一定要带着一个极简的思维去做视频号，不要一上来就折腾自己。如果你在制作视频的时候将一切都定得很高，也就代表着你的创作成本会变得很大，成本变得很大的话，其实是不利于你长期持续地去做好视频号的。因此，在一开始制作视频号时要用最简单的方式去拍、去创作、去发布。对于很多用户来说，他们要通过视频号达到自己的商业目的，一开始不要把自己创作视频号的门槛抬得太高，要用极简的办法快速地创作和迭代。

2. 聚焦

创作视频号的时候，视频号的内容一定不要乱七八糟。这就意味着我们在进行视频创作之前，一定要对自己的作品有一个定位，即创作视频号的目的是什么。所以，在这样的情况下，发表视频号里面的内容时就不能随意选择，一定要想清楚要在哪个领域做视频号聚焦？聚焦的内容是什么？聚焦的表达方式是什么？聚焦的呈现方式是什么？一切都在一个焦点上、一个根上面去使劲地深挖。

3. 生态

视频号有一个巨大的优势，就是它背靠着整个微信的生态。这就是为什么微信视频号在推出之后能在业内产生巨大反响的原因。如果具备了生态思维，就代表着你可以通过视频号的流量，引流进入内容的变现，或者说进入产品的变现当中来。所以你要思考好你的视频号的生态布局是什么。

4. 关联

关联思维的意思就是说你要通过视频和视频号的内容表达，一定要尽可能地去调动你的好友帮助你点赞、关注、评论等。其实他们的每一个点赞行为，每一个关注行为，也就代表着你的内容可以通过你的好友传播给好友的好友，以此达到一个病毒式的裂变效果，这就是关联。你的好友就是你的种子粉丝，这些种子粉丝自动具备了向外扩散、帮助你获得更多粉丝的可能。

5. 反馈

我们做视频号的时候，要尽快建立一个反馈机制，所以当下，你就要通过做视频号获得一些反馈，这个反馈能够帮助你销售产品，还可以把你的能力或者技能进行变现。当这个反馈建立起来的时候，你对做视频号的信心会大增，你在视频号上投入的时间也会变多，你就会变得特别有激情。如果你不建立反馈，那么会导致你的视频号像鸡肋一般，食之无味，弃之可惜。建立正反馈，不要用自己意识上的坚持对抗潜意识里的疲惫，要让自己每次打开视频号就很兴奋。

七、拆解爆款短视频的五种创作思路

不同人群喜欢不同类型的短视频，因此爆款短视频的内容各有千秋。虽然视频类型有多种，但这些爆款短视频都有着相似的创作思路，下面简单介绍几种创作思路。

1. 发掘具有自己特色的原创内容

不建议从其他平台搬运内容，毕竟短视频发展到现在，也算完全成熟了，一旦被发现抄袭，很有可能会被平台处罚，得不偿失。

2. 充分发挥自身人脉资源

在刚开始发视频的时候，尽量发动自己的人脉，如转发到朋友圈，让朋友们给你点赞、转发。多一分流量，就能给自己的视频多一点曝光率。

3. 善用热点与自身内容相结合

目前视频号传播最广的内容都是央视频、人民网这些官媒，基本上人人都能看到，你可以根据这些官媒每天发布的热点内容来进行创作，这样相关度就会更高，有利于平台推荐给更多的人。

4. 同行互赞

这是一个能高效提高视频推荐量的方式，找到一批和你一样正在运营或想要运营视频号的人，互相关注和点赞。

5. 加入视频号社群互相学习

只有不停地进行自我充电，才能对视频号领域的认识更加深刻。视频号也是刚出现不久，很多都处在摸索阶段，加入社群可以获取一些最新资讯，同时实现资源对接，总的来说，抱团取暖才能享受到平台红利。

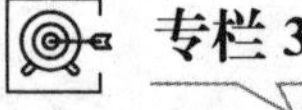

将小商品卖到全世界

七年的时间，让名创优品走进了85个国家和地区，这意味着名创优品已经打造出属于自己的IP和品牌，并在全球站稳脚跟，拥有持续的产品创新能力，在兼具质量和价格优势的同时，不断扩大品牌影响力。名创优品将IP作为长期战略的根本目的是，持续给门店、商场等带来流量，最终完成商业变现，达成商业模式正循环，持续为产品赋能。

1. 名创优品的概况

自成立以来，名创优品作为“生活品质型消费”行业的引领者，在全球销售市场中已获得许多客户的认可和赞誉。名创优品凭借“简单，富有层次感”的生活理念和“走进大自然，恢复商品的本质”的品牌文化受到了业界和销售市场的关注。

2. 名创优品的商业模式

（1）打造线上社群运营。

线下流量是个巨大的宝藏。2019 年 11 月，新版小程序会员体系上线，名创优品开始把线下的用户沉淀至名创优品的线上小程序中。自 2020 年 4 月开始，基于线上小程序，名创优品开始试点进行社群运营。到 11 月，小程序的会员人数已经累计高达 3800 万 +，社群用户达 300 万 +，同时，社群人数还在以每月 50 万的速度增长。经过运营之后，MAU（月活跃用户人数）平均提升 120%，目前，通过社群下单的用户每天超过 6 万人次。

通过线下门店的物料、小程序、线上公众号的菜单或电商卡片等方式，把用户导入名创优品的企业微信当中，成为私域用户，再把他们引至名创优品的一个基础的用户群，给予产品的种草、活动的推广、日常促销信息的推送。此外，通过打通自己的 CRM（客户关系管理）用户中台，把标签跟企业微信对接，通过企业微信做精准的沟通。运营一段时间之后，再去做分层，把他们引入社群，或者如果他是具有高价值的用户，名创优品也会把他们放进专门的社群当中去。他们来参加社群活动，从中再去挑选一些有内容创作和分发能力的用户进入 KOC（关键意见消费者）社群，帮助名创优品做后面的内容营销。

名创优品也会基于不同的用户进行不同的“金字塔”分层。首先是基于门店 LBS（基于位置服务）的基础用户群。对于这部分社群，不必执着于或是纠结于他们是不是进行了频繁、活跃的互动，有时候他们需要的只是一个信息交流的渠道。对于这部分社群，就本本分分地做品牌与用户之间沟通的媒介与桥梁即可，定期给他们一定的信息，不必要为他们的活跃度而焦虑，但我们也可以偶尔从后台看到他们为我们带来的销售转化与增量。其次是具有较高价值的中层用户群。这里面的部分用户可以成为管理员，他们会非常活跃，而且聊的越多，买得越多。最后是顶层的KOC社群。他们能够帮助名创优品节省运营成本，为品牌带来更大的口碑和价值传播。

在众多公域社群背后是更大的私域。以微信生态中的小程序为例，我们通过微信小程序可以得到用户的基本信息、小程序浏览记录及消费数据，这些可以帮助我们沉淀用户标签，而且这些标签是动态的，能实现最后的精准营销和生意的转化。

（2）数字化贯穿运营全流程。

数字化的目的是使“人”在线，将其与“货”与“场”建立连接。名创优品借助Re-ID等技术，实现门店客流数字化；根据用户在店内的轨迹，形成店内热力图，用户在货架的停留时长将成为分析产品效果的关键。结合微信支付、小程序等工具，把线下客流在线化，形成私域用户池，以此作为二次沟通和触达的基础，实现门店消费者线上化。收银使用微信，实现名创优品微信生态的各环打通。

运用小程序、公众号等数字化触点，在线对消费者进行二次传播和触达，进一步提高门店的复购率，做到精准营销，实现坪效提升。名创优品的主要流量都来自线下门店，门店客流量大到哪怕只有10%的转化率，也能聚集数量非常可观的一群人。名创优品在门店收银台设置了一个场景：用户关注公众号可以免费送购物袋。很快地，公众号积累起大批受众。吸纳的粉丝当然不能浪费，但考虑到天天推送品牌软文迟早会竹篮打水一场空，于是，名创优品的高层转化思路，让内容团队放手去做。内容团队收集近期的微博热门话题、时尚导向等内容，组建自己的新媒体选题库。然后提炼品牌目标用户群体的关键词，根据目标用户关键词，再完成内容选题。结果就是，“MINISO名创优品”这个官方号化身成穿搭、美妆、娱乐类公众号，形成颠覆性的“独立”，一改企业公众号的枯燥，真正做到内容为王，积累起喜欢这个号的粉丝。名创优品的公众号没有选择生硬的广告，而是根据推文内容适当推荐自家的相关产品，甚至还能外接广告，实现部门的盈利。放手做以后，公众号汇聚了对品牌有好感的人群，为后续建立社群打下坚实的基础。

数字化对供应端同样意义非凡。结合几千家数据，对销量预测有指导意义，实现以销定产、去库存化。通过数字化工具，进一步实现员工在岗线上化、线上巡店、优化管理效率和运营成本等。数字化贯彻公司运营的全流程，从员工、顾客到产品，几乎都通过“在线化”实现了有效地运转。门店智能化建设提升了线下购物体验，也为私域用户的积累做足了准备。

（3）做好智慧零售运营。

名创优品的另一个核心部门是运营中心，主要管理名创优品的4000多家门店，这些门店又分为三类：一类是中国的直营店，二类是海外的直营店，三类是海外的非直营店。管理门店是一个需要精细化运营的事情，包括货品选择、摆放、促销、销售等。举一个具体的运营细节，国内很多杂货店的货架高度都是1.7米，但名创优品的货架高度只有1.5米。其背后调整的原因在于，中国女性的平均身高为1.55米，如果货架太高的话，会影响消费者取货的用户体验。此外，在什么地方摆什么产品也是大有讲究的。如果说以前的门店经营主要依靠多年的经验的话，在腾讯和高瓴投资名创优品以后，名创优品也开始引入腾讯的智慧零售系统，提高门店经营的智能化水平，为门店业绩提升提供有力的数据支持。截至2019年年底，系统全国门店覆盖率为70%，已上线1700多家门店。

智慧零售对名创优品最大的价值首先在于选址。腾讯零售有一套智能选址系统，通过庞大的数据库系统，以及分析热门商圈的人流量和人群特征，从而找到更好的开店地址。通过这样的分析系统，让选址成功的概率增加了。然后，通过摄像头，可以分析每个消费者的大概特点，如是男性还是女性，大体年龄区间，以及他们的购物偏好，还有在门店里的行动路线。根据对大数据的分析，可以准备一些受消费者欢迎的产品，优化商品的摆放位置，让消费者有更好的体验，增加销售额。名创优品全球的销售数据都可以实时同步到总部，并通过一个作战工作室的工具，让拥有不同权限的管理者看到不同层面的数据。比如，运营中心的总经理就可以看到单店销售额、大区销售额、畅销产品排行榜、库存产品排行榜，这样可以让他做出更好的决策。

智能零售还对名创优品的财务带来了积极影响。所有的费用统一归集到数据中心，通过企业微信进行互动对账，跳转手机网银实现自助支付。智能零售还打通业务到财务核算流程，使业、财一体化，大大降低财务人工核算、记账等工作量，每月自动化生成接近3000家店铺结算单，实现与加盟商的T+1自动分账，大幅提升加盟商对账和交互的体验和效率。

3. 总结与启示

在过去的几年中，名创优品在中国的实体零售业务服务中创造了一个惊喜，最重要的是其运营模式的成功。名创优品始终坚持“一流的运营模式，一流的产品，一流的门店＝一流的销售业绩”的新发展趋势，并坚持进入高端关键业务圈向客户展示高质量的产品情怀。名创优品对运营模式的自主创新及消费者购物体验的改善，为客户进行“逛街购物”打下了坚实的基础。

第二节　短视频拍摄与剪辑

在制作短视频的过程中，从选择合适的器材开始，到掌握一些拍摄技巧，都可以通过练习来提高自己的拍摄技能，以达到一个更高的水平，如运镜、转场、拍摄、音乐的选取、配音、后期剪辑等。

一、短视频拍摄的常用道具

制作短视频的第一步就是选择设备，设备的选取也得花费一些时间，涉及你的资金，以及摄影师的专业度，根据不同团队的具体情况，也会有不同的选择。在拍摄短视频过程中会用到很多道具，下面列举了一些我们常用的道具。

1. 相机

（1）手机。对于刚刚开始的创业团队，在资金有限的情况下，推荐使用手机拍摄。如华为、iPhone 等高端机型可以拍摄最高达 4K 分辨率的视频，基本可以满足我们的记录用途，而且还可以通过内置 APP 软件对视频进行简单的后期处理，如调色、剪辑、增加特效等，节省你的成本和时间。

（2）微单相机。已经在短视频 APP 上实现变现或者在资金有限的情况下又想使视频的画面更好一点的时候，推荐微单相机，价格在 8000 元左右的微单相机是不错的选择，尼康、佳能等品牌都很好。

（3）单反相机。当短视频团队发展到稳定的阶段，要面向广大的用户，甚至接各种广告的时候，对画质和后期的要求也越来越高，就需要更专业的单反相机了。

2. 灯具

（1）主灯。主灯作为主光，通常用柔光灯箱，是一个场景中最基本的光源，能够将主体最亮的部位或轮廓打亮。主光通常在主体的侧前方，在主体与摄像机之间 45° ～ 90° 的范围。

（2）辅灯。辅灯作为补光，亮度比主光小，通常放在与主光相反的地方，可以对未被主光覆盖的主体暗部进行补光、提亮。在这里需要了解一个概念——光比。光比可以理解为光照强度的比例。主灯和辅灯的光比没有严格要求，常见的是 2：1 或 4：1。

（3）轮廓光。轮廓光也称为发光，起修饰的作用，用于打亮人的头发和肩膀等轮廓，增强画面的层次感和纵深感。轮廓光的位置大概在拍摄主体的后侧，和主光相对的地方。

除了以上三种主要的灯光之外，还有一些灯光可以根据你的需求来进行搭配。

一是便携灯，是用于拍外景的灯光，体积小，重量轻，方便携带。

二是反光伞，通常放置于主灯或辅灯上，用于形成柔和的散射光。

三是无影罩，将一半透光的白布制成灯罩套于灯头上，就形成了简便、直接的散射光转换装置。

四是尖嘴罩，其作用和无影罩相反，装在灯头前，形成聚光的效果。

3. 辅助器材

（1）三脚架。三脚架起固定手机、稳定画面的作用，用于拍摄延时摄影、慢动作、单人拍摄等，有八爪鱼和地面固定两种类型。

（2）稳定器。稳定器能帮助我们在手持手机移动的时候拍出非常稳定的画面，防止拍摄时画面抖动。

（3）外接广角镜头。外接广角镜头可以装在手机镜头的外面，可用于拍摄雄伟高大的建筑、天空、景区等，可以保证画面内有更多景物，有的手机自带广角功能。

（4）麦克风。短视频声音的清晰度也很重要，使用麦克风能避免户外杂音太多而使你的声音听不清。

（5）滑轨。在无动态人或物出镜的时候，画面中的产品就是静止的。为了实现动态的视频效果，需要借助轨道的移动来呈现。

二、清晰分辨五种镜头语言

无论是拍照还是拍视频，镜头语言都非常重要。构图、镜头与视角决定了整个作品的风格。镜头语言就是用镜头拍摄的画面，它能像语言一样表达我们的意思。简单来说，摄像机通过景别、拍摄位置和拍摄方式来充分利用镜头表象的一些特点来表达创作者的意图。拍视频就像写文章，而镜头语言就像是文章中的语法。这里主要介绍根据拍摄位置的不同，把镜头语言分为五种。

1. 俯拍

从上往下拍摄。特点：视角在物体上方，适合表现宏大的场景，可以通过和广角镜头的配合，达到一种近大远小的夸张变现的戏剧效果。

2. 仰拍

从下往上拍摄。特点：视角在物体下方，可以使物体看上去高大，凸显其形象，有赞美、歌颂的意味在里面，在构图上能有效地突出画面中的被摄体，净化环境和背景。

3. 平拍

平行于被摄物体的角度拍摄。特点：与人眼视角相同，给人真实、自然的感觉。其戏剧性最弱，多用于交代情节的短片和纪录片。

4. 变焦拍摄

通过改变焦点的位置，实现画面由实到虚或者由虚到实。特点：变焦拍摄可以有重点地展现拍摄物体的细节，在配合长焦镜头在拍摄静物时能达到比较好的效果。

5. 主观拍摄

以主人公的视角进行拍摄，类似游戏中的第一人称视角。特点：能让观众快速融入视频内容里面，带入感强，表达方式简单、明了。

三、灵活掌握六大基础构图

构图是指将设计元素点、线、面在一个画面当中进行位置和结构安排的一种技术，其主张主次分明、突出重点、尽量做到背景简洁、注重层次感与对比。构图方式支撑着整个画面，其次才是对颜色的把握，如同作品的骨架，两者相辅相成。最常见的构图方式主要有三分法构图、对称式构图、对角线构图、S 形构图、X 形构图、紧凑式构图。

1. 三分法构图

三分法构图跟黄金分割线构图有些相似，但是更为简易、方便。将被摄物定格在横竖两根线相交形成的“井”字四个交点的任意几处，就可引导人们的视线快速投向被摄物，从而突出画面中想强调的主体。它非常适合初学者面对杂乱的环境下，用来突出画面重点。

2. 对称式构图

对称式构图是一种令人很有安全感的构图方式。它具有平衡、稳定的特点，但有时也会因过于平稳而略显呆板、缺少变化，常用于表现对称的物体、建筑或是倒影的拍摄。

3. 对角线构图

相比于以上两种构图方法，对角线构图不仅可以让画面更为生动活泼，具有纵深感，而且视野也更加宽阔，画面更为饱满。对角线构图不仅适用于风景，在拍摄人像时也经常用到。

4. S 形构图

S 形构图是指被摄物以 S 形从前往后延伸，画面构成纵深方向的空间感，一般被摄物为河流、道路、铁轨等。这种构图特点是画面比较生动，具有韵律感。

5. X 形构图

X 形构图具有强烈的透视感，引导人们的视线从四周转到中心，或从中心向四周逐渐放大扩散。X 形构图常用于建筑、大桥、公路、田野等题材。

6. 紧凑式构图

将被摄物以特写的形式进行放大，令局部充斥整个画面，具有紧凑、微观的效果。常用于人物肖像、微距摄影，或者突出局部细节。在刻画人物的面部时使用紧凑式构图，会给人以印象深刻的效果。

在视频拍摄时，构图方式可以多变，通过两到三种构图方式的叠加，使照片的前、中、后景都耐人寻味，从而更具层次感，令人印象深刻，但一个短视频最好不要使用太多种构图，否则，会使视频显得杂乱无章，毫无章法，降低视频质量。

四、轻松学会七大运镜手法

运镜指的是一种拍摄手法，对一个视频创作者来说，运镜是他们必须具备的技能，是最基本的能力。通过运镜能将静态的画面带动起来，不仅带来视觉的冲击，还能推动故事情节的发展。运镜角度可以分为客观性角度和主观性角度。

客观性角度是指依据常人日常生活中的观察习惯而进行的旁观式拍摄，是电视节目运用最为频繁、最为普遍的拍摄角度和拍摄方式。客观性角度拍摄的画面就仿佛观众在现场参与事件进程、观察人物活动、欣赏风光景物一般，画面平易亲切，贴近生活。

主观性角度是一种模拟画面主体的视点和视觉印象来进行拍摄的角

度。主观性角度由于其拟人化的视点运动方式，往往更容易调动观众的参与感和注意力，容易引起观众强烈的心理感应。接下来就讲讲几种常用的运镜技巧。

1.“推”

“推”是最常见的一种运镜技巧，在拍摄的时候，镜头缓慢向前移动，不断地推进，靠近拍摄主体，拍摄主体在画面中的比例逐渐变大。这种运镜技巧能够起到聚焦、突出拍摄主体的作用。如要拍摄一个人物，在镜头向前推进的过程中，人物在画面中的比例逐渐变大，人物形象更加突出。即使是拍摄没有主体的场景，“推”的运镜方式也会让视频更有代入感。

2.“拉”

“拉”与“推”的运镜方式刚好相反。在拍的过程中，镜头逐渐向后拉远，让镜头远离拍摄主体，成片的视觉效果也与“推”相反。“拉”的运镜技巧能够起到交代环境、突出现场的作用，让看视频的人了解拍摄主体所在的环境特点，增加画面的氛围。跟推镜头相反，拉镜头是指人物不动，构图由小景别向大景别过渡，摄像机从特写或近景拉起，逐渐变化到全景或远景，视觉上会容纳更多的信息，同时营造一种远离主体的效果。

3.“转”

“转”的运镜技巧能给视频增加一种独特的视觉效果。其拍摄方法也很简单。其中一种是站在原地拍摄，在拍摄过程中旋转镜头，旋转角度没有特定的要求，但是在拍摄素材的时候尽量拍摄 360 度，以方便后期剪辑的时候截取素材。旋转拍摄的时候，因为是动态拍摄，所以要控制好移动的速度。

4.“移”

“移”指的是摄影机沿水平面做各个方向的移动拍摄，便于展现各个角度，可以理解为平行移动，移动的方向可以是横向，也可以是纵向，或者倾斜一定的角度。但是移动的轨迹要以直线为主，不要无规则地移动。单个镜头拍完就停止，然后再拍摄下一个镜头，单个镜头里尽量不要使用多种运镜技巧，因为会造成混乱的视觉效果。比如，拍摄辽阔的自然风光，可以采用横向的水平移动；拍摄高大的主体，如建筑、山峰等，可以采用纵向移动；拍摄小场景也可以使用这一运镜技巧。它适用的场景很多，但一定要注意保证手机是直线移动而不是原地不动的。

5.“穿”

“穿”可以理解为穿越、穿过的意思，当拍摄的时候，需要在手机和拍摄主体之间寻找一个前景，因为要穿越的就是这个前景。“穿”的运镜技巧可以让视频画面增加层次感和空间感，因为有了前景的衬托，有了远近的对比，才能让画面有身临其境的代入感。但是前景不能喧宾夺主，它只是起到衬托的作用，如栏杆、门窗、树叶的缝隙等都可以作为前景来使用。拍摄的时候结合“推”和“拉”的运镜技巧，穿过前景，然后聚焦在拍摄主体上。

6.“跟”

“跟”的运镜技巧可以理解为跟随，拍摄移动的主体时，镜头一直跟随拍摄主体移动。比如，在后边跟随拍摄一个向前走动的人，或者在前面拍摄向镜头走过来的人。镜头和主体同步运动，可以保证拍摄主体在画面中的比例是不变的，跟随拍摄也能让画面增加代入感。跟拍画面的主体是运动中的被拍摄物，镜头跟随其运动方式一起移动。跟镜头可以全面展现被拍摄主体的动作、表情、运动方向，这种方式也很普遍。

7.“摇”

“摇”的拍摄方法和效果与“移”类似，但是在拍摄的时候，摇镜头是指原地不动地旋转手机或者相机，镜头是呈弧形移动的。比如，站在原地拿好手机，镜头从左向右拍摄，手机移动的路径是一个弧形，也可以向上拍摄，关键点就是原地不动。

五、简单上手的三大视频剪辑软件

视频创作中最重要的是剪辑，三分靠拍，七分靠剪辑，将拍摄的内容按照逻辑顺序连接起来，生成全新的具有主题的新视频。剪辑短视频最基本的四个要素是画面、声音、字幕、转场，很多剪辑软件都可以实现，下面我们推荐几款非常好用的剪辑软件。

1. 剪映

剪映是抖音平台官方的视频剪辑软件，支持 iOS、安卓系统，使用操作很简单，打开的界面很简洁，导入视频素材后可以看到无论是横屏还是竖屏素材，你都可以先修改比例。这款软件综合了拍摄、剪辑、后期特效等多重功能，能满足大部分的剪辑要求。它也可以自动识别字幕，准确率也高，个别不准确的词组可以自己编辑调整，也很方便。抖音当下最热门的 BGM（背景音乐）都可以直接在剪映的音乐库里找到。“剪同款”里也有很多抖音热门卡点视频模版，让人轻轻松松就能找到爆款视频的同款。刷抖音时遇到喜欢的 BGM，可以点击收藏，在剪映里直接使用。非抖音平台的视频可以下载到手机，打开剪映一键提取视频中的音频为你所用。

2. 快剪辑

快剪辑是一款集拍摄、剪辑、后期于一体的短视频创作 APP，适合竖版视频制作。它的操作简单，界面干净、简洁，功能齐全，拥有电影、胶片、人像等六大滤镜，还有数十款特效。在录制语音视频的时候，可以一键自动识别生成字幕，可以秒变“萝莉”“精灵”“磁性大叔”，还可以导出自定义水印。另外，它还有免费去片头、水印的功能。

3. InShot

InShot 也是一款拍摄、剪切、合并视频的工具，支持 iOS 和安卓系统，可以满足基本的剪辑需求。它给用户提供了很多种贴纸，并且大多以可爱风为主，因此非常适合剪可爱的 vlog（视频网络日志）。同时它的背景音乐齐全，在这里你可以找到想要的绝大部分背景音乐，还有 InShot 支持各种画幅比例的视频，这是它的一大亮点，因为很多的软件在剪辑视频的画幅比例上固定了，用户无法更改。

六、简单易学的三大修图工具

为了让视频有一个更好的观感效果，在视频的制作后期都会将照片进行调整，这在我们摄影中是一个很关键的环节。对手机或者相机拍摄原图的构图、镜头的变形、平均的灰度和色彩进行必要的调整，在不改变照片场景的原貌下，使之达到突出主体、更富有观赏性、更具备视觉冲击力，使视频有一个更加完美的呈现。下面介绍三种比较常见的修图软件。

1. Photoshop

Photoshop 简称 PS，是由 Adobe Systems 开发和发行的图像处理软件。作为最常见、最常用、最专业的图像编辑和修图软件，它除了简单的修图外，还能进行平面设计、影像创意、艺术字体、网页设计、动态图制作等多种功能。它的版本更新较快，现在比较常用的是 Photoshop

CS6，它支持多种图画格局和色彩形式，修图时还提供了100多种可以切换的滤镜。对摄影和设计有兴趣的人一定都听过和用过PS软件。它在修图和合成图像中有很好的性能，兼容性比较好，也是很好的绘图软件。

2. Lightroom

Lightroom是Adobe研发的一款强大的图片处理软件，是摄影师们必备的后期调色软件。Lightroom主要用于图片后期的处理，是专为专业摄影师和摄影爱好者提供的全套照片服务的应用程序。现在被普遍认为是一款用于入门级摄影师、图像编辑和业余爱好者的光栅图形编辑器。该程序允许用户创建、编辑、组织和共享图像，主要面向数码摄影、图形设计等专业人士和高端用户，支持各种RAW图像，可用于数码相片的浏览、编辑、整理、打印等，可以快速导入、处理、管理和展示图像，从一张照片到所有照片。另外，在Lightroom中，你可以方便地查看和比较你的照片、组织和筛选照片、对照片进行裁剪和拉直、使用各种强大的工具增强照片的影调和色彩、对照片的局部区域进行选择性的处理、输出照片、打印照片、发布网络相册、制作电子相册、使用GPS定位照片。

3. Snapseed

Snapseed是一款专门为手机图片进行修复的软件，中文名又叫指划修图，不仅拥有修复功能，还能够快速地编辑图片，帮助大多数摄影师在后期修复和编辑图片。另外，Snapseed还能够进行区域修图，在不影响其他区域效果的情况下做调整。Snapseed还有一系列特点，比如，它可以自动分析相片并将色彩和曝光调整到最佳状态；使用Nik Software革命性的U Point技术，在数秒钟内对相片中的特定区域做出精准的选择和增强；使用“环境”来制造特别适合色彩和纹理的深度和自然饱和度，调整白平衡、饱和度和对比度等。

第三节 视频号运营与推广

这几年，整个短视频行业经过抖音和快手的普及，用户习惯已经养成，商业模式也逐步清晰。视频号的出现引发人们反复讨论。视频号的起点很高，再加上微信12亿日活的加持，相当于站在巨人的肩膀上。随着视频号几度更新和入口开放，更是引得众人纷纷入场。为了让人们更好地抓住这个机会，接下来介绍一下如何做好视频号运营与推广，做好视频号运营与推广需要注意什么。

一、视频号的运营思维

和其他自媒体内容相比，在做视频号的运营和推广前，我们需要提前做好一些工作，如确定视频号的运营目标、用户群体、用户需求和建立视频号的自身特色。

第一，确定视频号的运营目标。说白了，就是想清楚你为什么要创立这个视频号，如有的企业创建视频号是为了提高产品的知名度和销售量。确定视频号的运营目标，在制作视频时才能有支点，保证制作的视频都有着同一个目标。

第二，确定视频号的用户群体。视频种类有很多，不同的人喜欢观看的视频也不一样，要运营好一个视频号就得确定视频号将要面向的用户群体。只有用户群体确定了，才能制作出用户喜欢的视频，从而尽可能让更多的用户关注视频号。

第三，了解视频号用户群体的需求。根据视频号确定面向的用户群体，通过调查分析找到这些用户共有的爱好和特征，基于这些再了解用户需求。只有视频号中的视频能够满足用户需求，才能让用户愿意花时间去观看。

第四，要建立视频号的自身特色。在建立视频号时必须让它区别于其他视频号，只有这样，才能让用户产生兴趣。仔细想想，如果你的视频和多数人的一样，没有新意，用户凭什么选择看你的视频，而不去看别人的呢？

二、视频号推广涨粉方法

刚做视频号时大多有这样的烦恼：视频号没有阅读量，更没有粉丝量，即使坚持每天更新内容，但粉丝数还是上不去。有的时候视频的内容质量不高会导致粉丝量上不去，毕竟每天都有不同的人发表不同的视频，因此不是每个人都会刷到你的视频，即便视频的质量极高，没人欣赏就没法带来粉丝。这时候就要懂得怎么去推广视频号，让更多的人看到你的视频，只有这样，他们才有可能喜欢你的视频号，成为视频号的忠实粉丝。

1. 充分利用视频评论区

很多人容易忽视评论区，但事实上利用好了评论区也可以带来很多粉丝。你可以尝试以下三个小技巧。

（1）多在其他大 V、同行账号下评论，让更多人看到你的观点，引起共鸣和关注。

（2）在自己的视频评论区引导用户留言和互动，如给个话题提醒用户关注你。

（3）用心回复每一位用户的评论，与用户交朋友，提升用户黏性，使用户主动去关注你。

2. 利用个人社群推广涨粉

这个方法其实也可以称为社交涨粉。视频号推荐机制本身就是有社交属性和熟人关系链，所以可以充分结合推荐机制，进行社交涨粉。就是利用朋友圈、好友关系链推广自己的内容。视频发布后，你先转发到朋友圈、社群，让自己的微信好友支持一下，给作品积累基础的播放量。如果你的内容足够优质，能够打动好友，自然更容易引起他们的二次转发，获得更大曝光，从而有可能带来更多粉丝。

3. 利用视频的位置信息涨粉

发布视频时，添加位置信息，就更容易被优先推荐给同城用户，带来定向曝光，获得涨粉。这个方法一般更适合本地账号，如本地吃喝玩乐、本地优惠这类账号。还有一些旅行博主等发布的各个景点视频也可以带上位置信息。

4. 与其他视频号合作

做视频号可以抱团取暖，互相借力。一方面可以相互交流运营经验，另一方面可以互相借力推广。也就是创建或者加入一些视频号互推群，大家相互帮忙，彼此借力。

5. 其他平台引流

除了抓住生态内的流量，我们也要主动去找生态外的流量。在微信设立了视频号，也可以在知乎、今日头条、小红书等 APP 中找到流量。如在知乎上回答一些与热门的视频号相关的问题，在文章里面提到自己的视频号，还有一些截图等。用户在看你的回答的时候，他觉得你运营得不错，自然也会来关注你。当然，你也可以在知乎上搜索一些与你的视频内容相关的问题或者与视频号相关的问题去回答，然后植入自己的账号信息。这个好处在于每天的流量虽然不多，但比较稳定，而且长尾流量比较多。当然，你也可以去知乎之外的平台引流。总之，你擅长哪个平台总有办法引流的。

6. 数据化运营和反馈

如果你每天都用同样的方式来推广你的视频，但数据不一样，这说明问题可能出现在内容上，因此，对每一期内容都要有反馈。通过大量的反馈、总结，最后得出那些高阅读量的视频有什么亮点，那些表现一般的视频有什么不好的点，不断改善视频的内容和运营方式。

三、视频号内容上热门的技巧

短视频火爆了以后，人们都在努力使自己的作品上热门，如果视频上了热门就有机会让更多的人看到，从而获得更多的流量，大量吸粉，并且还为视频号的后期变现打好基础。现在介绍几条视频号内容上热门的技巧。

第一，首条视频内容必须优质。通常来说，视频号的第一条内容的点赞量会比后面发布的视频更高，当然，那些爆款内容除外。因此，一定要好好准备第一条视频号的内容。

第二，要做好视频的文案引导。在现代社会，每一个人都很忙碌，没有太多的时间去看完整个视频，再加上视频号的关注路径需要几步才能完成，所以有时候用户即使喜欢你的某条内容，也懒得点进主页去关注。在这种情况下，在视频末尾可以利用语音或文案去引导用户，提醒用户去关注视频号。

第三，在内容中制造悬念、埋下伏笔，可以引起用户的好奇心，从而达到吸粉的目的。如提前预告下期的精彩内容或提前预告下期有什么优惠活动等来吸引用户。

第四，输出的内容越简单越好，在视频标题和内容中不要出现生僻、专业的词语。内容应该越简单越好，让绝大部分的用户都能看懂才是最好的。做视频时以用户为中心，要站在用户的角度上考虑，视频内容好不好，能否上热门，还是要看用户喜不喜欢。

第五，借助热门话题上热门。热点借势是自媒体运营过程中最重要的一点，在发布视频时带上热门话题，对该话题感兴趣的用户就可能会看到你的内容，继而带来涨粉。

第六，根据内容来选热点。有些内容我们都是有计划去做的，这个时候就可以选择一些没有时效性的热点话题来发布。比如，我们已经提前做好了视频号的涨粉技巧，发布时可以带上“#视频号#视频号涨粉”等热门话题，给我们的内容导流，给涨粉带来更多可能性。

四、视频号开直播的运营策略

在网络信息技术的发展下，越来越多的人开始在网络上与他人实时分享生活中的点点滴滴，我们通常将它称为直播。通过网络直播，观看的人可以更加真实地和直播博主交流，比如一些带货直播，所有线下商品都将通过直播的形式卖给消费者，消费者以前网购是通过看图片、看视频去进行选购，现在通过直播的模式将产品更真实地展示给消费者，包括产品的功能、外观等，因为图片和视频都是商家经过修饰过的，而在直播间你是修饰不了的。

微信视频号作为微信推出的新功能，有着12亿的潜在用户，其中的红利可想而知，可以说，在视频号直播中埋藏着巨大潜力。为做好视频号的直播运营，我们应该从以下几点入手。

第一，遵守相关的直播服务管理规定，这是最基础也是最重要的一点。不遵守规定，视频号就会面临被封号的危险，视频号都被封了，何谈在视频号中直播呢？

第二，直播内容与视频号内容相一致。当你在视频号进行直播时，你的观众大多是你的视频号的粉丝。他们多是因为对视频号内容感兴趣才会关注，只有直播内容与视频号内容相一致，粉丝才会去观看，等观看人数上去了，才会吸引更多的人参与进来。

第三，打造视频号直播特点，形成自身优势。谁都不喜欢千篇一律的东西，如果你没有独特的优势，没有人有理由放弃更好的直播而去观看你的直播。

第四，注重与粉丝的交流和互动。在直播时，不要只是自顾自地说话，手机对面的观众需要有参与感，不然他们很快就会产生厌倦。在直播时，我们可以选取一些有意思的评论进行互动交流，也可以时不时来一波直播福利，让观众更加享受这场直播。

第五，做好直播预告。直播预告包括直播的具体时间、大概时长、内容介绍、由谁直播等几个方面。做好直播预告，能让粉丝对此次直播充满期待，并提前安排好时间观看，提高粉丝体验。

五、视频号结合公众号的运营策略

近年来，微信用户逐步增加，也就产生了微信代运营平台，如微信公众号和各类商城。其中，微信公众号是个人或商家在微信公众平台上申请的应用账号，在平台上实现和特定群体的文字、图片、语音的全方位沟通、互动，形成了一种主流的线上线下微信互动营销方式。视频号也是微信平台推出的一个新功能，相较于微信公众号，它更多的是通过短视频来做交流、互动，因此两者的结合刚好是一个互补。如果一个有粉丝基础的公众号开通视频号可以给公众号引流，同样的，也会有新的用户通过观看视频号接触到微信公众号，对于两者来说有益无害。为了更好地使视频号结合公众号运营，这里有两个策略。

第一，保证公众号与视频号的内容一致。公众号和视频号都是微信平台延伸的功能，它们还是存在区别的，每个号在发布内容时必须要保证一致性，一定不能出现完全相反的论点。

第二，做好两个号的互动。既然要将微信公众号和微信视频号结合运营，就必须加强两个号的交流和互动，如果粉丝不互动就不知道这两个号其实是同一些人运营的，它们之间频繁互动可以增强粉丝黏性。在交流和互动上，在公众号上发布文章时，可以在底部配上视频号的主页，让粉丝去关注；同样的，当视频号发布视频时，也可以在视频结尾处展示公众号的主页，让更多的人看到公众号的存在。

六、视频号运营的常见误区

视频号的开发时间并不长，因此在视频号运营上存在一些误区。

1. 缺少和用户的互动

很多朋友在发布短视频后，只是一味地追求视频的播放量，却对评论区的情况不太关注，或者有人想在评论区和用户进行互动交流，却不知道该从何下手，于是就丢下了评论区的互动。这其实是短视频运营新手常见的误区。在短视频运营的互动方式上，积极地和用户进行互动，加强用户的黏性是非常重要的。我们需要经常和用户进行互动，这样可以增加运营者和粉丝之间的熟悉程度。用户如果认可了运营者的短视频运营策略，在与运营者进行互动时会感到被重视、内心会产生愉快的感情，会对运营者产生依赖及归属感。当运营者再发布视频的时候，他们会自觉地为该视频进行点赞及转发。

2. 盲目追热点

很多人盲目追热点，看中了一个热点话题就去追求，这样容易使视频的内容和视频的账号不一致，不利于视频的准确推荐，不利于人气的聚集。风格的突然转变，可能会让粉丝反感，造成粉丝的流失。所以，追热点要有方法。

（1）热点是否与自己的账号相关联。如果运营的是风景类账号，建议在黄金周来临之前多“蹭热点”，因为在黄金周大家大多数都会选择出门旅行。

（2）热点是否为正面。嗅觉灵敏的短视频运营者会选择具有正能量的热点，如一个孩子带领消防队点灯的热门视频，类似这些具有正能量的热点都可以追求。

（3）快速、准确地追热点。热点话题具有很强的时效性，它只在某一段时间里受到广泛关注。你要在热点出现的第一时间判断是否可追，并及时利用热点。

3. 没有做好数据分析

没有对发布的视频进行数据分析，包括完播率、点赞率、评论率、转发率等。这些数据可以反映视频的质量及观看用户的接受程度。但很多人不会做这些事情，视频发布后就不管了。如果把同一个视频多次转发，这个视频就有可能成为“爆款”。

章末案例

互联网商业模式 PK 芒果内容运营

2020 年，《乘风破浪的姐姐》的热播随即引发了热议，屡次上热搜，芒果超媒股份有限公司（以下简称芒果超媒）也因而交出了一份十分漂亮的答卷。根据深证信数据服务平台及公司财报的数据显示，2020 年上半年，公司实现净利润 11.03 亿元，同比增长 37.3%。在长视频平台上，芒果超媒依旧盈利，报告期内，会员板块收入逆势增长 80.4%。2020 年上半年，芒果超媒在二级市场创下新纪录，市值突破千亿元。

1. 芒果 TV 的概况

芒果 TV 是以视听互动为核心，融网络特色与电视特色于一体，实现“多屏合一”独播、跨屏、自制的新媒体视听综合传播服务平台，同时也是湖南广电旗下互联网视频平台。

2. 打造“芒果生态圈”

芒果 TV 注重打造自己的生态圈，而在这个生态圈中，把握平衡至关重要。首先，将传统媒体与新兴媒体很好地结合在一起，如湖南卫视有很多青少年和女性爱看的综艺节目，《快乐大本营》《天天向上》等都很经典，因此芒果 TV 也将内容定位在青春、都市、女性上面，说明芒果 TV 对目标客户群体把握精准，因而得以正确把握内容产品，包括广告环节，这也使得广告主在投放广告的时候更具针对性，可以获得更高回报。其次，芒果 TV 注重人才的引进与培养，芒果 TV 初建的时候，因为技术人才很稀缺，只能花费重金去外面请大批的技术人才，现如今，芒果 TV 已有了一定的规模，其背后有专业的制作团队，还有自己内部及外部的影视工作室，并且还在不断增强公司在内容制作方面的竞争力。在拍摄录制上，芒果 TV 采用先进的设备，如在一些综艺节目中引入 AI、AR、VR，给受众带来了一场场新奇、震撼的视听盛宴，未来的媒体发展是离不开技术革新的，在这一点上，芒果 TV 具有一定的敏感性。

芒果 TV 近年来加大了自制内容的海外发行力度，以优质内容为纽带，助力中国文化实现真正的“走出去”。目前，《歌手》《快乐大本营》《中餐厅 2》《真心大冒险》《亲爱的客栈》等已经销往世界各地。芒果 TV 的自制系列剧也已成功打包发行到欧美等国家和地区。芒果 TV 正在突破自制剧和热门综艺节目，谋求向海外发展，实现将芒果版权内容在海外的有效覆盖，逐步拓展中国优质文化内容的出口渠道，搭建起中外文化交流与融合的桥梁。

3. 推动会员及广告收入

根据深证信数据服务平台及公司财报的数据，2020 年上半年，芒果超媒的营业收入达 57.74 亿元。值得关注的是，芒果 TV 的热播综艺《乘风破浪的姐姐》既吸引观众眼球，又吸引众多投资。据了解，在综艺节目的帮助下，芒果 TV 的会员人数较年初增加了 50.57%。同时，综艺节目的投资数据也屡破纪录，广告客户总数超过 40 家，是近两年综艺节目品牌数量最多的一年。

在互联网流量红利下降的背景下，多家长视频平台会员增速明显放缓，芒果 TV 会员在报告期内实现了一番逆势增长。根据 Quest Mobile 统计，截至 2020 年 5 月 31 日，芒果 TV 日用户数量增长了 45.2%，月度用户增长了 49.1%，用户使用时长增长了 40.2%。芒果 TV 是 2020 年上半年用户使用时间增长得最快的视频平台。2020 年 6 月中下旬，随着综艺节目《乘风破浪的姐姐》的推出，这部综艺一下子引爆全网，芒果 TV 的用户使用时间和日均活跃用户数已多次超过优酷，进入前三名。同时，也为芒果超媒带来了大量的流量。在广告投放动力不足的背景下，2020 年上半年芒果超媒在广告上的收入还能达到 17.98 亿元，同比增长 5.83%。

不仅是综艺节目，芒果 TV 也在朝着剧集的方向努力。从 2020 年年初到 2020 年 7 月 10 日，在“前十大网络剧”中芒果 TV 就占据三席，占播出量的 25%。芒果超媒董事长张华立在 2019 年年度股东大会上表示：“芒果超媒最大的核心竞争力就是建立高门槛的长视频内容生产体系。在今后相当长的时间里，我们仍将专注于此，努力构建更加高效、更有创新能力、逻辑模式自洽的内容生态系统，不断开拓芒果模式新境界。”

4. 发展电商业务

在商业方面，“大芒计划”筛选出以内容为基础的创作网红，结合产品与效率相结合的战略规划，以时下流行的“网红带货”模式，直接为品牌客户带来收入，完成了“以流量换收入”的商业逻辑，形成了“芒果TV IP—KOL—品牌”的一站式营销。在内容方面，一方面，“大芒计划”利用芒果TV自身现有的资源为创作者提供资金、平台、商业实现等支持，延长网红KOL的生命周期。另一方面，芒果TV借助“大芒计划”实现了从PGC到PGC+PUGC生产体系的转型，打通了平台多元内容的投放渠道，弥补了芒果TV的短视频的不足。此外，“大芒计划”还将芒果TV的热门综艺节目串联起来，使网红KOL再次成为可能。

“小芒电商”将开启“视频+内容+电商”的视频内容电商新模式。这种模式将创造一种人、物、内容三方互利的电商新生态，这是基于对芒果TV内容和用户价值的深入挖掘。它通过以内容为基础，与内容产生共鸣，以共鸣去创造需求，以需求最终带动消费。“小芒电商”将计划定制优质产品，深入综艺节目和电视剧IP植入，引入一种品牌管理机制，打造出艺人联合品牌，组织包括艺人在内的大批KOL参与者植入。在热门商品销售方面，“小芒电商”将采用这样一种模式，即精选+会员，来形成以商品为核心的模式，通过请明星艺术家，推出联名或者通过做推荐来实现快速地聚集流量的目的，提升用户的购买力度。“小芒电商”是基于湖南广播电视台的长视频内容的竞争优势，是对整个产业链的一次重大拓宽和延伸，同样也是对湖南广电的芒果生态的一次改善和升级。

5. 总结与启示

芒果超媒主要从事的相关业务多种多样，涉及广泛，其芒果TV在内容驱动下发展迅速。在网络视频产业竞争格局走向良性竞争与合作，行业整体付费ARPU（每用户平均收入）价值有望提升的背景下，芒果TV依托以内容创新为核心的“芒果模式”，叠加媒体电子商务发展潜力，预计其业绩和估值将实现双倍增长。

本章小结

视频号中还有着大量的机会等着用户和商家去抓住，每一个用户和商家都可能通过视频号成为下一个“李佳琦”和“李子柒”。但机会并不是那么轻易就能被抓住的，要想成为视频号上第一批“头部账号”，第一步就是做好视频号的内容规划和运营。在内容规划上，需要做好视频的选题、设计、拍摄和后期制作，在运营上做好视频号的宣传和推广。凭借着优质的视频内容，再加上好的运营推广，必能让你的视频号从海量视频号中脱颖而出。

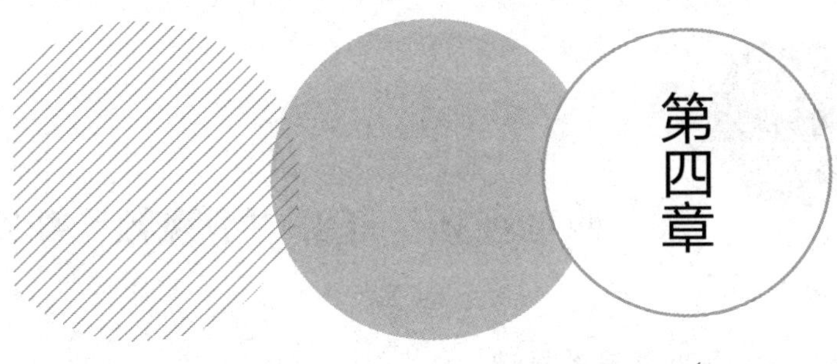

第四章 私域流量生态

我们可以将私域流量理解为某个人或某个品牌拥有的总流量，它是任意的，可以应用多次，并且完全免费，并且可以立即到达客户。私域流量池的公共载体可以是服务平台，如个人微信、新浪微博、微信聊天群、微信小程序和单独的应用程序。每个总流量的背后是一个真正具有实际意义的客户。因此，私域流量实际上属于每个人的个人领域。

其实并没有新旧零售之分，只有能否为消费者带来真正的价值之分。完美日记的新零售根本上是从为用户创造价值的角度出发，给他们带来更好的消费体验。我们的愿景是——为中国年轻女性打造自由无拘束的时尚美妆体验空间，让她们更容易变美。

——逸仙电商新零售事业部总裁　冯琪尧

西瓜视频：开辟“中视频”新赛道

1. 西瓜视频的概况

西瓜视频是我国 PUGC（专业用户生产内容或专家生产内容）视频网站的引领者。其根据个性建议，针对不同人提供不同的内容，并且鼓励创作，让每个人的作品都有机会被看见。

2. 西瓜视频的商业模式

（1）从对流量热点的追逐走向对内容的打磨，培养用户黏性。

2020 年 10 月，西瓜视频正式发布中视频，在此之前，其通过在疫情电影院不营业期间邀请全国人民免费观看电影《囧妈》，完成了全国范围的“刷脸”。

短视频更多的是基于流量逻辑，在这段时间内，创作者的流量可能很高，但一段时间后流量可能会下降，这是必然趋势。但对于中视频来说，留下的作品会不断被拿出来消费，在视频中可以让创作者把内容做好，留下自己的作品，保持热度。在西瓜视频生态中，有很多视频创作者通过认真传授知识和技能来吸引网民。比如，阿木爷爷用传统的榫卯木工技术为孙子制作玩具，在西瓜视频中获得了 200 多万粉丝，然后，凭借木工技术成为 YouTube 上的热门。在西瓜视频生态中成长的李永乐老师和厨师王刚也凭借其科普和烹饪教学，在全网赢得了大批粉丝。作为内容载体，中视频也可以在电影营销等平台活动中展现其价值。比如，2020 年 8 月，电影《八佰》上映时，在西瓜视频中推出了以深度了解《八佰》为主题的创作活动，西瓜视频平台的5000多名创作者从影视、历史、娱乐、金融等方面解读了《八佰》的故事和制作过程，让观众对《八佰》有了新的认识。在用户层面，大量用户对更多视频内容有需求，随着热点的快速变化，不能快速创新内容模式的视频创作者很容易陷入审美疲劳的困境，而内容形式更加丰富的视频可以作为视频创作者内容矩阵的有效补充。用户观看时间的数据印证了中视频的潜力，用户观看中视频的时间是长视频的两倍。中视频可以培养用户的黏性和沉淀流量。重要的是，它还避免了版权竞争和金钱战争。与长视频和短视频相比，中视频能够很好地平衡评论、开箱、反应等内容的讲故事和观看门槛。

（2）为职业“视频创作人”群体的建立和进阶提供平台。

2020年12月3日，西瓜视频宣布与视频创作者大能达成合作，大能将在西瓜视频中独家更新视频内容。加入视频创作领域后，大能迅速走红，他创作的第二个短视频受到70多万人的称赞，30天内，他的账号就增加了600万粉丝。对大能这样的主创来说，西瓜视频专注于帮助他们连接和优化业务及业绩合作资源，打造标杆案例，打破圈子。比如，在商业合作方面，西瓜视频帮助大能团队制订了完整的商业方案，帮助大能确定了男性对时尚视频创作者的形象定位和深度内容定制的合作思路，并对品牌选择和价格确定进行了检查，逐步实现与奔驰、YSL等高端品牌开展业务合作，单月营业收入超过100万元。除了业务合作，西瓜视频还帮助大能参与了《上新了故宫》、央视新闻直播进博会、GQ年度盛典等一系列破圈合作，帮助他走进了更大的人气空间。

对于一大批中腰部创意群体，西瓜视频建立了涵盖创意技能培训、流量曝光、商业实现的综合孵化链。在制作方面，西瓜视频之前有过的“西瓜大学”等培训基础设施，为创作者提供免费的大纲拍摄、编辑、内容组织和课程内容。西瓜视频还将免费为视频创作者提供包括电影、音乐、字体和图片在内的大量版权资料，在工具方面，视频创作者可以得到平台的全方位支持。在业内流传的字节跳动内部研究报告中披露了西瓜视频的中视频战略，根据报告，字节跳动预计2021年投资100亿元人民币收购西瓜视频，其中，中国视频占40亿元。在这种情况下，20亿元是现金奖励，20亿元是分成奖励，创作者还可以获得直播、电商、抖音等额外收入，并与创作者通过语音摇号分享创作素材，从而保证创作者的基本收入。同时，20亿元将是最低数字，无上限。西瓜视频总裁任利峰表示，西瓜视频的很多视频创作者"离钱很远"，需要一个平台，帮助他们在前期投资阶段渡过难关，这20亿元将是视频创作者的净补贴收入。此外，当视频创作者具备一定的流量基础，可以进行业务合作时，依托海量引擎，西瓜视频可以为他们提供直播、电子商务、广告分享、商业订单等完整的商业化选择。

据西瓜视频数据显示，在2019—2020年，有400多个视频创作者年收入达100万元。2020年，通过该平台接收业务订单的人数比2019年增加了5倍，单笔订单最高金额达到40万元，西瓜视频让视频创作者得到了实实在在的好处。

（3）深耕中视频，助力大众看懂世界。

西瓜视频推出了"时代观察者计划"，这些作品包括对新兴职业的观察，对城市创业故事的呈现，以及对成功背后故事的挖掘。通过这些聚焦生活的纪录片内容，可以传达出西瓜视频纪录片《有温度的时代观察者》的定位和价值。2020年4月，西瓜视频宣布建立大型纪录片数据库和配套纪录片内容的战略。当然，西瓜视频的"野心"不止这些。它在纪录片领域的角色不仅是承接内容的媒介平台，更是内容的生产者。这些内容既满足了用户对视频消费的多重需求，又保证了信息的可靠性和准确性。与短视频相比，多媒体视频信息量大，涉及领域广。

3. 总结与启示

从西瓜视频的角度来看，它是长视频和短视频之间的下一个流量洼地。西瓜视频总裁任利峰表示，随着5G时代的到来，横屏即媒体视频的优质PUGC内容流量正在大幅上升。在西瓜视频内，用户每天观看视频的总时间已经超过短视频长度的一半，是长视频长度的两倍。此外，西瓜视频对视频创作者的价值吸引力也是其在视频轨道发展上的优势所在。字节跳动系统中完整的商业组件让西瓜视频在吸引视频创作者方面有了更多的想象力。与抖音的深度互动，让西瓜视频中的视频创作者有了充裕的曝光空间。

第一节 私域流量认知突破

私域流量的概念已变得越来越突出，但不同时期的载体有所不同。早在社交网络没有出现且不流行的时候，私域流量就是客户联系信息的内容，如联系电话、电子邮件地址或地址。过去，当互联网技术不流行时，你的地址簿就是个私域流量，这也是私域流量的定义，与以前的地址簿不同，它具有个性，是向用户操作思维转变的标志。私域流量代表了我们从流量思维向用户思维的转变，私域流量关注的是用户的长期价值。企业与用户之间的关系不再是一锤定音的业务关系，应努力提高每个用户的终身价值。

第一，私域运营是一个慢过程。企业需要从客户的角度出发，谈他们感兴趣的话题，让他们慢慢接受你。这是一份很细致的工作，需要有足够的耐心。它不像一个企业做宣传和推广，当时见效很快，但后期很难维持，生命周期也不会很长。用心建立的客户关系不会轻易失去，付出总会有回报的。你不要以为今天做，明天就会有产出。真正做好私域流量不是追求短期利益，而是要有长远目标。用户可能会重复购买并成为你的忠实客户。让客户满意是最好的广告，只有得到了他们的认可，他们才会将你推荐给身边的朋友。

第二，私域流量不单是微信。私域流量不只是个人微信或者企业微信，微信公众号、官方号、线下商店、在线用户等都可以是流量。只要能与企业接触，就会相互联系、共同运作，形成商业闭环。

对自己的私域流量来说，最重要的是与他们保持良好的关系。企业需要对这些用户进行精准营销，给予更多的关怀。如上所述，通过与他们交朋友使他们成为自己忠诚的客户，他们将会创造更多的价值。

第三，品牌就是最好的私域流量池。当品牌与顾客建立起牢固的信任关系时，品牌就会具有排他性，顾客在选择时会优先考虑。一个真正好的品牌能连接所有的用户。当品牌深入人心，就会形成自己的私域流量池。与用户保持联系可以得到他们对产品的反馈，并做出改进。这样可以有效降低单位营销成本，避免老客户流失，而老客户带来的新用户对品牌的忠诚度也会相对高一点。当企业拥有足够的私域流量时，他们就不会缺少曝光率。因此，企业在加快品牌建设的同时，还要做好客户关系管理。

第四，产品是做好运营的前提。我们的最终目标是销售我们的产品或服务。不管是什么类型的产品，最重要的是要有足够的吸引力，让用户为你埋单。除了产品本身，一些强势的明星代言也会影响产品的转化率。如果产品不好，不管流量多大，都不会有好的转换和再购买率。

第五，运营人员要具备专业性。没有持续输出内容的社群最终将成为一个客户服务群，群中的群主和管理人将成为回答问题的客户服务人员。运营商需要不断在社群中提供高质量的内容，唤起用户的共鸣，引导用户进行交流，达到双向输出的目的，做好社群的保留和转化。

总之，私域流量的销售转型建立在客户信任、优质产品和有效服务的基础上。因此，企业应该找准自己的方向，看看自己是否适合私有领域的运营，什么样的运营模式才是最合适的。

一、私域流量的崛起

在运营圈内，私域流量逐渐成为热门词汇，公众对私域流量的解读也日益丰富。流量的核心是人，人的背后是人心。无论是传统零售业还是电子商务行业，如果想锁定客户，就必须做好服务。尤其是作为一个社群，你就更应服务好客户。

那么，怎样做好私域流量？

1. 降低单位营销成本

例如，淘宝商人通过直通车付款来吸引顾客。购买后，顾客返回到服务平台，该平台属于淘宝用户，而不是商店本身。商家只能在商店中看到顾客的电话、地址等信息。如果他想再次联系这些顾客，就难以联系到了。但是，如果每个顾客都关注官方账户，这个时候再加上微信，甚至微信聊天群，情况就会有所不同。如果有超过 10000 个顾客关心微信公众平台并加入微信聊天群，那么想添加他们为微信朋友，他们也会愿意添加。这时候，跟踪和发布新产品，进行主题活动，就有了自己的免费网络推广方法，可以立即将信息推送给他们。在此之前，需要花费一些资金打广告和群发信息，因此，联系的顾客越多，越能使单位营销成本降低。

2. 防止老客户丢失

例如，有一家餐馆，顾客过去常常在吃完饭后离开，他们不得不等顾客再次来餐馆吃饭。因此，这家餐厅和其他餐厅没有什么不同，这取决于周围的状况，偶尔有很多客人，偶尔很忙，但一周有好几个时段生意很不景气。过去，有新产品、新活动的时候，他们都会在门口摆一个牌示等着顾客。之后，他们突然以自己的身份建立了自己的官方账号，逐渐让店内顾客关注他们的微信公众平台，并给这些顾客 20% 的折扣，或者赠送一些小菜。此外，他们还根据 VIP 的订阅顺序（选择座位）创建了 VIP 客户群，并赠送了一些肉菜，也尝试更新公众号或者朋友圈的内容，有时还会举行新产品试吃主题活动，这样一来，餐馆就得到了越来越多的老客户的光顾。

3. 有利于品牌塑造

品牌必须让人感受到温度和信任。建立私域流量池，以便客户可以获得服务并与其他客户进行交流，还可以通过客户的评论改善其品牌形象。这将产生累积效果，其实际效果是公司自己的客户文化教育的100倍。做私域流量的原因如图4-1所示。

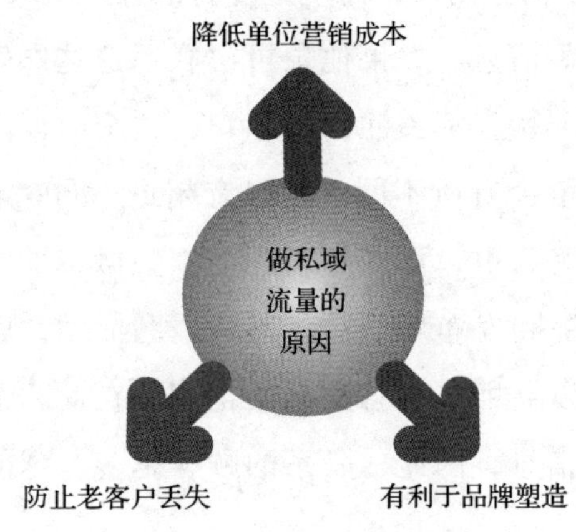

图4-1 做私域流量的原因

二、私域流量的价值

私域流量的本质是返回到内容操作，以便客户继续提高购买率和实时使用价值。私域流量的普及是由于公式计算的变化。从公司的角度来看，私域流量的普及可以更好地反映移动互联网时代的业务管理理念的变化：从总流量的逻辑思维到用户思维，公司将重新考虑客户的使用价值，不仅寻求转换和购买，还考虑是否可以提高客户的回购率，甚至允许老客户产生新客户。

私域流量的核心价值如图4-2所示。

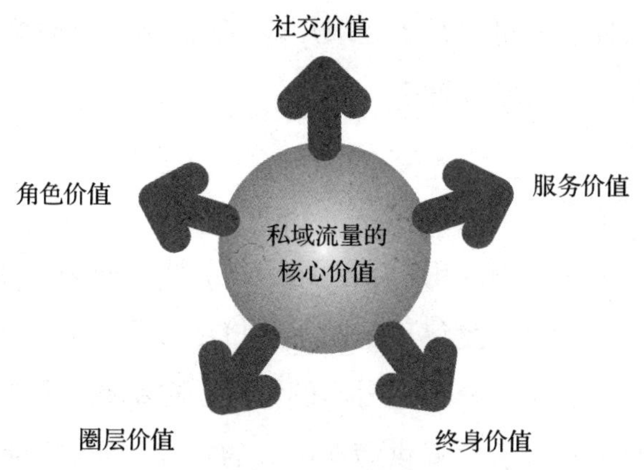

图 4-2　私域流量的核心价值

1. 社交价值

用户的社交价值所带来的是传播和口碑。私域流量中的客户处于亲戚朋友或半熟联系形成的自然环境中，关键是要使用微信等移动社交网络平台进行共享和传播，并增强客户的忠诚度。饮品“独角兽”品牌喜茶、奈雪的茶基本都是要排队一个小时以上，才能够买到一杯水果茶。凡是买到茶的用户，会第一时间拍照片并分享到社交平台，茶已经不仅是一款喝的产品，更是一个用户的社交货币。如果你的产品在用户心智中变成了一种社交货币，就会激发用户的自主传播，产品不仅包含实用性，还包含美观、服务、环境及其他用户能够感知到的要素。找到并利用好自己产品私域流量用户的社交价值，让用户传播要比品牌方自己投放广告的价值高十倍以上。

2. 角色价值

在传统的买卖环境中，品牌和客户通常只与市场销售和客户相关，而客户只有一个角色，在私域流量的买卖环境中，客户不仅是购买者，也可能是宣传员、经营者，并且客户的角色已经改变。对于品牌的超级用户，可以通过特殊权益来进行维护，如给予超级用户高级的分销权限，推荐返佣金。如果是实体店，可以给予超级用户梦想合伙人、品牌代言人等特殊角色来激发超级用户的多重角色。

3. 服务价值

在传统的线下交易中，用户需要到达物品所在的场所与销售者进行面对面的售前咨询，一旦发生售后问题，用户还需要再次到达销售场所才能进行售后处理，造成了用户大量时间的浪费。在私域流量管理系统中，品牌商可以在交易前后为客户提供面向服务的内容，如咨询和经验分享，使客户产生依赖，从而提高购买率和回购率。任何产品都具有服务属性，为用户提供可持续的服务咨询就是在与用户持续发生关系，关系越近，信任越强，复购率越高。

4. 圈层价值

尽管我们始终想在制造商品时考虑所有人的追求，但事实并非如此。无论商品的质量如何，都可能会发生一场猛烈的革命。私域流量最有可能在圈子内产生，聚集具有相同价值和消费特征的人群，并可能继续引起消费。你的私域流量池就是你所能影响的用户的圈子。

5. 终身价值

客户生命周期使用价值也称为客户项目生命周期使用价值（生命时间价值），它是指客户在生命周期内贡献的总利润率的平均预测值，是可预测的指标值，可根据当前的客户条件预测服务平台的开发潜力。当客户对你的产品、品牌或你有足够的信任时，客户就认准了你的店。用户的终身价值会对产品营销策略起到决定性影响，在做品牌宣传和投放时，更看重用户持续的付费能力。

“有价值”的私域流量必须具备以下三个条件。

一是要有清晰的认知。粉丝要对品牌或者品牌人有清晰的认知和信任，并与之产生一定的交互行为，如点赞、关注、聊天、购买。在电商平台购买品牌产品的顾客基本符合这个条件。用户在购买行为发生之前是对比了大量竞品后选择了该品牌，在收到产品且对产品很满意后，会对品牌产生认知与信赖。此外，品牌要对粉丝的信息有全面的了解，包括性别、地区、年龄、电话、购买记录、偏好等。在这个层面上，传统电商的商家有着天然优势，他们可以将每天网店的成交客户引导到个人微信号或者企业微信号，根据订单信息全面匹配，形成精准标签。

二是要能有效触达。相信不少电商都拥有上百万的历史成交用户，但这些用户都不是有效的私域流量，因为商家除了在后台查看这些客户的信息资料外，并没有有效的手段去触达或激活他们。除非通过有效的途径（电话、微信、邮件）等触达和激活用户，否则，这上百万的成交用户都不是你的私域流量。

三是要做科学管理。微信端的私域流量运营主要集中在微信个人号、企业微信、微信群及小程序上，这会形成海量的用户数据，需要品牌方根据客户的生命周期、客户的交易行为及识别客户和品牌的有效触点来进行有效的数据化管理。企业微信是目前私域运营效率最高、效果最好的工具，还可以了解用户在不同的渠道有哪些不同的行为，发现潜在客户名单。在流动的用户池里发现消费场景，去探讨品牌能给用户提供什么服务，优化用户体验，从而更好地提升用户黏性，让用户持续创造价值。

专栏 4-1

快手：如何从短视频混战中突围

截至 2020 年 6 月，快手平均日活跃用户已超过 3 亿人，1 ～ 6 月的小剧场增加到 2040 亿次的播放量。越来越多的普通人加入快手中来，分享他们对生活、对世界的态度。

1. 快手的概况

快手原来叫“GIF 快手视频”，于 2011 年 3 月问世。它最初是用于制作和共享 GIF 照片的应用程序。2012 年 11 月，快手视频从纯粹的专用工具转变为短视频娱乐，这是一个供用户记录和分享生活的服务平台。后来，随着智能手机的普及和移动数据成本的降低，快手视频在 2015 年后进入了销售市场。

2. 快跑起来的商业模式

（1）区别于其他短视频 APP 的界面与内容设定。

快手实现了一屏展示多个短视频，而其他 APP 每次只能一屏一个视频，这样一来，使用快手的时候，用户就可以选择自己感兴趣的内容来观看。使用快手观看视频的流程是：用户打开快手，选择视频，点击进入播放观看。这个应用程序的优化算法非常强大，根据用户的观看情况或用户评论的视频类型，可以准确计算出个人的兴趣和爱好，并立即给用户推荐许多相似的内容。用户观看视频的同时可以进行评论。此时，视频会停止，但不必担心由于评论而错过视频内容。而在其他某些 APP 中进行评论的时候，视频仍在播放。当遇到不感兴趣的内容时，对于快手，点击视频播放页上方的第二个按钮就可以进行不感兴趣设置。快手会让用户选择不感兴趣的原因，如作品质量差、看过类似作品、不看该作者、作品引起不适，这样有利于优化对用户的推送，也可以给视频的制作者提供建议与警示。除此之外，快手上没有明显的广告痕迹，这也是快手界面内容的一大特色。快手完全以用户为主，不做短视频广告推送，这对不爱看广告的用户来说是一大福音，也彰显了快手重用户体验的特点。

快手平台简单且易于使用。在网页布局方面，快手视频只有三个主要程序模块：“关注”“发现”和“同城”。视频内容基于信息内容的瀑布流方法，几乎没有其他信息内容，网页简洁明了。在操作步骤上，门槛低，便利性高，投递及时；就互动方式而言，交互成本非常低。一键关注，双击并及时点赞等交互方式，不仅具有较强的可执行性和个性化，而且用常用的“双击666”营造出很接地气的氛围。此外，快手还有许多隐藏的功能，不仅简化了界面和操作，而且具有探索性和可玩性。

快手不会与名人签约，也不会成为服务平台或支持点。快手视频是面向内容的轻量级视频，视频的内容将立即以流式布局显示。所有的视频都很人性化，不偏向频道栏，在技术上是专业且有组织的，维持使用价值的中立标准，不需要故意操作和指导原始创作者。只要视频内容在标准之内，就可以给予它们公平的权利，所有用户或作品都有机会被曝光。

（2）快手直播接地气，私域流量生态逻辑性强，复购率高。

快手曾经用“老铁经济”来形容独特的商业生态系统：内容、粉丝和商业。快手的发展起源于“内容”。从最早的GIF动图到后来的短视频，再到直播，内容始终是它的基石之一。在早期的快手应用程序设计中，用户从浏览内容到成为主播的粉丝不止需要一步，这实际上增加了用户在操作中的成本，但是提高了对关注的人的质量，因为添加一个步骤意味着过滤一组关注者。这就形成了快手与其他平台的不同之处：内容不仅是内容，内容与背后的人密切相关，每个类别最终都指向手机屏的用户。在快手的生态系统中，内容是承担和构建私人流量的个性化载体。基于人格属性的社会关系带来了人与人之间的信任和黏性，带来了商业转型的高效率和长期的商业价值。招股书数据显示，快手电商的整体回购率达到60%。

在快手主打的“老铁经济”中，粉丝和主播之间的关系很亲密，粉丝们花在主播身上的时间也很多。主播会更加注重利用各种方法与粉丝互动，只要让粉丝觉得满意，觉得很真诚、亲切，主播就能收获很多粉丝，粉丝黏性也会增强。如果粉丝给主播刷礼物刷得足够多，还可以登上榜首。这样一来，主播会号召粉丝关注这个人，使粉丝与网络主播互惠互利。

（3）通过公域流量商业化，把握商业边界。

自2020年以来，快手的商业化步伐逐渐加快。这是行业的客观变化，主观上快手也是需要加快速度的。在中国香港股市上市后，快手已经在转折点上稳步积累了。进入这一转折点，就是要进一步加大为民服务的力度。快手应该通过不断推动优秀的主播，帮助品牌实现“货销一体”。以前在快手上的“老铁”们都是在快手上找乐子，从现在起，快手要让这些“老铁”们收获更多快乐。快手已经意识到这个问题，并开始试图改变它的底部逻辑。8.0版的快手应用软件底部导航栏首次出现“精选”内容页面，并开始强调精品内容的发布。这一变化意味着快手已经开始在原有私有领域流量的基础上，释放其公共流量的商业化能力。另外，快手也在加快对公共领域流量中的商业工具的建设。2020年9月，快手旗下的两款商用产品——磁力聚星和快手粉条全面进入公众视野。快手可谓是各种品牌觊觎的蓝海。如何在不破坏原有内容基调的前提下引入品牌并进行深度营销，是快手要解决的问题。磁力聚星在商业逻辑上体现了这样一个方向：在放开了公私领域之后，磁力聚星可以帮助中间部分的“达人”获得更多健康的利益，帮助品牌打开营销环节。据MCN和三方平台的快手数据显示，磁力聚星在第一周就有所战绩，让短视频的播放量提高20倍，公域流量占到80%以上，每天有近30个短视频成为爆炸性视频，爆炸性视频的播放量超过1000万次。从品牌与快手的合作中可以看出，所谓的商业化变革仍然建立在内在逻辑的基础上，而快手的平衡是极好的。

3. 启示

快手记录了一个普通人的点滴生活，让无数个渺小的我们都有机会被大家看到。现在，我们在快手上可以拥抱各式各样的生活，无数人也是在快手上冲破时空，走进彼此的生活。快手希望开发一个能听到每个人声音的平台。许多互联网公司也逐渐看到了这个市场的价值。快手，也正在不断往别的方向探索。

三、私域流量的裂变

私域流量的重要性不言而喻，拥有私域流量的商家和没有私域流量的商家在营销产品方面的差距很大。简单来说，私域流量属于商家自己的流量，其他商家无法从商家的私域流量中获得用户，所以私域流量才得到了众多商家的喜爱，而裂变营销则利用了社交的特性，以一些好友砍价、爱拼团等能带来流量的活动为主要营销方式，在营销产品的同时不断地扩大商家的客户量。商家们可以这么理解：裂变营销可以不断扩大商家的私域流量池，而私域流量则可以为裂变营销活动提供参与用户，二者是一个相辅相成的状态。

随着微信公众号的普及，微信的私域流量已经进一步分解为数以万计的微信公众账号。每个微信公众号都是一个很小的私域流量。由于支持者关心它们，因此它们可以直接与客户联系，并且也可以被曝光。每个人都可以经营商店，经过微信商务代理的盛行和拼多多平台的推广，每个人的原始微信朋友圈都是一个特别小的私域流量池。因此，微信的总流量已进一步分解为数千万客户的私域流量，新浪微博、小红书和抖音短视频也是如此。它们的私域流量被成千上万的用户所捕获。

下面介绍一下导致私域流量裂变的三个关键因素。

1. 互联网

传统互联网的典型特征是“上网”，打开计算机，创建数据连接，然后开始浏览网页。当今互联网的典型特征是“实时在线”，所有人员和设备，甚至商店都是可以连接的，可以随时连接到每个节点。这就要求公司有能力在任何时候都能联系客户。公司将不再依赖在线方法，无论是通过计算机浏览器、百度搜索引擎、网站导航和门户，还是商店的线下促销，通过二维码、小程序、直播、微信公众平台、社区、文章，甚至无人驾驶、Wi-Fi 和第三方支付都可以随时与每个客户保持联系，塑造独立且可控的流量池，而不是等待公域流量分配。

2. 产品

如今，即使是一家小餐馆也可以根据微信公众号或微信好友的长期管理来了解客户。因此，此时的商品将不再是某个菜，而只是这家餐厅、这家商店。这样的产品不仅是用于买卖的简单产品。产品的寿命得以延长，并且在购买后将其添加到整个应用过程中，甚至达到不再使用的程度。一旦我们从销售产品转换为经营产品，流量将完全是自然的，并与产品挂钩。商品内置的流量操作越多，总流量就越大。微信公众号不是一个销售门路，其关键的功能是与客户建立长期联系，而联系的维持取决于对客户价值的持续使用。因此，微信公众号和产品集成在一起，共同构成了客户不断使用的产品，该产品显示了用于构建私域流量的介质。

3. 用户

如今，物资的供应极为丰富，同一行业严重存在产能过剩的情况，这使得用户难以坚持使用同一品牌或产品，并使随机消费变得越来越频繁。某个类别中的长尾得到了扩展，每个小品牌都可能拥有自己的客户群，这意味着每种产品都有机会获得流量。互联网的便利性使客户的转移成本基本为零。只需要稍微动手，就可以从一个服务平台切换到另一个，从一个商店切换到另一个，以及从一种产品切换到另一种，这进一步提高了客户在各个专用域之间的移动性。因此，降低了获取私域流量的门槛，用户端也正在积极促进私域流量池的完成。

第二节　微信生态下的私域流量矩阵

微信生态包括个人号、公众号、微信群、视频号和企业微信，这种组合就像一个网络，可以逐层选择、转化并吸引客户。2019 年，微信在私域流量上发布了许多功能，使这种大生态环境变得越来越有趣和更具想象力，尤其是在 2019 年年底首次发布企业微信、客户微信朋友圈、客户群和群直播等功能。在这种生态环境中，有许多有效的商业解决方案供每个人执行业务流程。

微信具有以下基本特征。

第一，大量用户。根据 2019 年第三季度腾讯财务报告，微信的月活已达到令人震惊的 11.51 亿。

第二，微信支付的份额达到了惊人的 97.3%。如今，很少有人在外出时用现金结算，甚至 60 岁及以上的老年人的付款份额都达到 46.7%。

第三，微信小程序的日活已达到 3 亿，这表明微信不仅是社交媒体，而且是每个人日常生活的必需品。

第四，微信作为一种社交媒体软件具有很强的社交属性。

微信的上述特点成了它最大的优势。微信业务主要基于微信公众号、微信群和微信朋友圈，以分享文章内容、链接或产品特惠，以获得流量和目标客户。但是在微信上分享内容时，很多人会怀疑：我分享的内容是否被任何人查看；微信上的朋友对我分享的内容是否感兴趣；他们感兴趣的内容是什么。如果没有办法掌握上述数据和信息，那么，我们在微信上的运作就可以说是困难的。由于我们无法把握客户的焦点，因此我们无法制作有针对性的内容来进行精确的营销和推广，也没有办法了解微信朋友圈中的潜在客户，并有目的地联系他们。

一、个人号：社交的强关系

在流量的时代，一切应以流量为核心去推动产品的转化。因为公域平台的获客成本逐渐增加，对于企业和商家来说，每一次的活动推广费用都要计算活动的 ROI（投资回报率），如果最终转化单价低于单个获客成本，就意味着活动的失败。对微信来说，事实上能做私域流量主流载体的，一个是微信个人号，利用朋友圈来进行圈层营销；另一个是微信社群，在该社群中进行一系列活动，如促销、秒杀和团购。目前，基于微信个人号的运营管理系统已被认为是私域流量的关键。私域流量受到青睐，公司别无选择，只能非常重视获得和保留准确的客户，这也是微信个人号存在的实际意义。毕竟朋友类型的私域流量是最高级别的信任关联，对于转换和购买率而言，这是非常合理的。

如何经营好个人号以实现流量转化，步骤如图 4-3 所示。

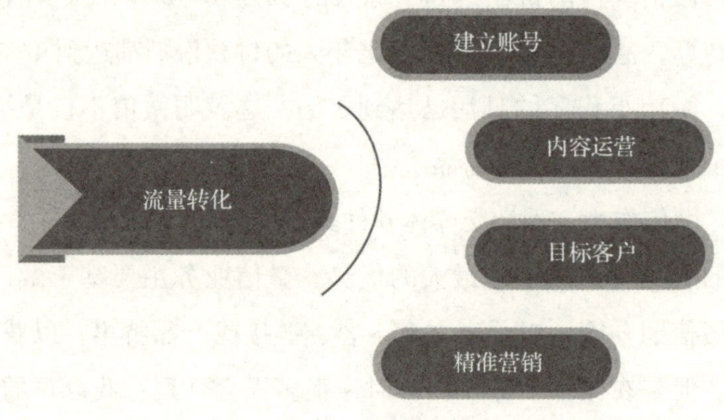

图 4-3 流量转化

1. 建立账号

管理微信个人号的第一步是创建一个高质量的账户，该账户不同于个人在日常生活中使用的账户，并且不像那些通常可以一目了然的广告账户。坦率地说，建立人设是将你的微信账户变成一个非常容易区分的账户，而且被你加来的朋友可以轻松地看到你在做什么。在这种情况下，他会在有需求时考虑你。能体现人设的地方有名字、签名、头像和朋友圈照片。对于个人号来讲，朋友圈的内容会增加对方对他的信任。个人号占据了一个很好的入口——朋友圈。拥有它就拥有你所有粉丝的朋友圈，可以发所在领域相关的知识，可以是图片、文字、文章、小视频等任意形式，只要广告不要太直接、太让人讨厌，以至于人家屏蔽你的朋友圈或者删除你，就可以随时植入你的广告，就可以达到宣传品牌的作用。

2. 内容运营

微信个人号可能对好友有一定的影响，除了一对一交流外，更重要的是呈现给另一方的内容是否具有使用价值，如在微信朋友圈中共享的信息、私发的材料。特别是在个人号引流和留存方面，好的内容是关键。内容不是无缘无故地产生，而是为了满足整体目标客户的需求，并做好研究客户的准备，以及跟踪竞争对手和域网络热点的准备。搜索内容后，有必要收集和整理内容，并针对不同的人群制订不同的计划。

3. 目标客户

在建立微信个人号后，加入一些好友，并且进行一些互动交流。经过这个阶段之后，有必要找到真正的“种子用户”，还要保留客户资源以进行留存和转换。通常，组建微信聊天群是找到目标客户的最有效方法。无论采用哪种方法，都需要加入微信群并尝试添加新朋友。可以向微信群主打招呼让他积极地帮助你推荐，也可以采取如发红包、发送材料、发送意见等方式添加好友。微信个人号积累了第一批“种子用户”后，“种子用户”就可以将其推荐给更多的人，随后建立微信群。之后，对“种子用户”进行集中管理并正确指导共享，以提高推荐效率。

4. 精准营销

微信个人号运营的最终目标是尽最大可能提高转化率和购买率，而市场销售是该个人号私域管理系统中最重要的部分。根据渠道的来源、交流的次数、是否加入群、是否付款等，为所有好友加上标签，并将他们划分为几个级别的客户。对较高级别的客户优先进行转换，对较低级别的客户则慢慢引导。发微信朋友圈进行营销和推广是一个非常有效的方法，基于客户的心理状态，提早设计营销方案以提高转化率。

专栏 4-2

一场“完美营销”

对大多数消费者来说，逸仙是一个非常陌生的名字，但由逸仙“孵化”出来的美容品牌——完美日记，在短短两年的时间就成为中国美容产品中的代表案例。近年来，其在天猫“双 11”、天猫“6·18”等购物节庆中都有着惊人的销售业绩。不仅如此，完美日记品牌在私域流量上的表现被誉为营销天才。过去，完美日记使用个人微信进行社群运营。通过量化产品选择和私人领域流量，完美日记已成为美容行业的“黑马”。但我们发现，完美日记社群已经悄然从个人微信群向企业微信群转移。

1. 完美日记的概况

完美日记是成立于 2016 年的广州逸仙电子商务有限公司旗下的彩妆品牌。除注重改善亚洲人的面部和皮肤特征外，完美日志还专注于探索欧美时尚的发展趋势，为新一代女性精心开发了一系列高质量、设计良好且易于使用的化妆品，适用于我国的时尚潮流产业链。

2. 社交的强大力量

（1）个人号运营，增添亲切感。

在 2018—2019 年，完美日记先后在全国开设了 30 多家线下体验店，每家门店都会通过各种优惠方式，正确引导顾客关注完美日记的官方网站账号和微信公众平台。官网商城的官方账号有很多微信公众号，每个公众号都有自己的特点。2019 年 12 月，逸仙电商新零售事业部总裁冯琪尧说，在未来 3 年中，完美日记将加快开设实体店的步伐，全国将有 600 家门店。

完美日记专门为用户打造了一个名为“小完子”的美容护肤顾问账号，

完美日记的粉丝群被称为“小完子完美研究所”。“小完子”不是一个群控机器人，当用户加上“小完子”的微信好友时，它会告知你它不是机器人。完美日记想要做的是通过人性化设置与用户建立高度信任。“小完子”称顾客为“宝宝”，因为大多数用户都是女性，这个名字缩短了彼此之间的距离。同时，它使用可爱的表情和文字并没有让用户觉得是在推销产品，而是引导用户积极探索，就像好朋友向他们推荐好产品一样。“小完子”似乎是生活在你朋友圈里的化妆女郎，而“小完子”个人微信的上百个朋友圈的内容基本相同，但会根据用户的不同做出一些差异化的调整。“小完子”的朋友圈每天发送的内容不超过4条，有些是“小完子”的个人生活记录、照片、护肤知识，看起来像一个可爱的小公主，给用户的感觉是“小完子”不再是一个营销号，也不像一些微商那样刷屏。其经过精心编辑的文案和图片让用户更容易找到自己需要的产品，这也让完美日记达到了让用户保留和再购买的目的。无论是微信群还是朋友圈，“小完子”的设立都是为用户提供服务，如在群中回答问题、收集意见、在朋友圈发布个人消息等，这种方式不仅缩短了品牌与用户之间的距离，而且可以更直观地展示品牌形象。

（2）社群运营，提升口碑。

完美日记的目标群体是18～28岁的年轻女孩。成立之初，其在电子商务平台上的销量平平。但他们的团队很快发现，不少女性用户在小红书上发布的彩妆颜色测试和“种草”内容都会引起关注和讨论。要想在小红书上获得流量，只需要做好两件事：一是以生活为切入点，二是用户体验，完美日记正是正确把握了这一特点。在小红书中，完美日记找了欧阳娜娜、林允、张韶涵等明星带货。明星们分享他们使用产品的经验，这会让很多人对这个产品产生印象。新产品刚上市时，选择明星和当红KOL进行推广，能起到打开市场的作用。在中部KOL的驱动下，许多普通消费者在购买后也会分享自己的口红颜色测试，如将不同品牌的口红颜色测试与同一颜色进行比较，进一步完成UGC内容的闭环。完美日记将小红书作为内容营销的第一站，因为用户画像完全符合用户都是爱美女孩的事实。许多人在小红书上分享口红和眼影的测试，许多女孩会通过小红书的评价来选择产品。

完美日记在官方账户的底部菜单栏上增加了一个小栏目——“撩小完子”。当你点击它时，将跳转到一个链接，企业微信的活码被启用，它将把你随机分配给社群运营人。添加了“小完子”后，用户将收到加入群的邀请。如果他们在加了“小完子”后没有加入群，他们会收到再次加入群的提醒，会有福利秒杀吸引他们加入这个团体。“小完子”在群里非常活跃，以俏皮可爱的画风和一堆生动、可爱的表情包吸引用户与其互动。每天，都有很多用户与“小完子”互动，气氛相当活跃，每天群里都有产品活动和限时特价，KOC（关键意见消费者）不时出来晒一下单。

（3）小程序运营，打造私域流量池。

完美日记的小程序主要有以下几个：完美日记官方旗舰店、完美日记会员商城、完子之家。官方旗舰店主要具有商城功能，销售美容护肤产品，是用户选择产品的主要小程序，是完美日记产品的主要销售阵地。会员商城是基于线下门店的渠道流量池，而且产品与线下渠道推广产品基本同步，功能板块类似于小程序。完子之家主要由“完子说”和“商城”两部分组成。“完子说”主要是为完子个人 IP 粉丝引流，是完子粉的聚集地。它主要发布一些护肤经验、化妆教程、饮食、服装等内容，类似于小红书的笔记。一般情况下，“小完子”角色发布的内容笔记浏览量在 10 万次以上。

完美日记始终在自己的小程序“完子心选”运行。在这个小程序中，它充满了各种产品。通过在其主页上开设护肤课程、彩妆课程和生活方式课程来留住用户，然后种草产品实现促销。完美日记的官方报道包括新预告片、美容教程、产品评价和互动活动。

完美日记专注于产品介绍 + 产品购买 +KOL 推荐 + 社区笔记，让用户在平台上体验多样化的功能，与有相同需求的人进行交流，让用户逐步提高小程序的开放率，尽量生成使用习惯，最终保留并不断转化。

3. 发展总结与启示

完美日记采用微信公众号矩阵和社区布局。根据要达到的目标，完美日记提升品牌形象，使用户重复购买，扩大影响力，从微信官方账号引入流量，加入用户池，获取用户信息，创建人像，不断迭代用户人像，获得用户更深入的了解；建立新产品开发的初始数据，使用官方账号满足用户对化妆品护肤的需求；为用户创造价值，让他们愿意留在社群。

二、公众号：粉丝的沉淀池

公众号擅长内容与服务的交互，是内容的沉淀池和承载私域粉丝的基础平台，或者产品服务的详细“说明书”。公众号也可以给视频号导流（公众号文章可以嵌入10条视频号动态），也可以把视频号里面讲不完或者不好通过视频呈现的内容，通过公众号的图文或者长视频等多种信息形态进行完美的弥补。短视频很火，很多流量都到短视频平台去了，但一个优质微信公号的粉丝数也能超过短视频的粉丝数。正如知名自媒体人秋叶大叔所说：“微信公众号粉丝看到我下一篇文章的概率比看到我下一个短视频的概率高10倍甚至100倍。订阅关系是真缘分，算法推荐是露水缘，露水缘再好，终归是泡沫经济。”运营公众号，最重要一点就是做好粉丝运营，如图4-4所示。

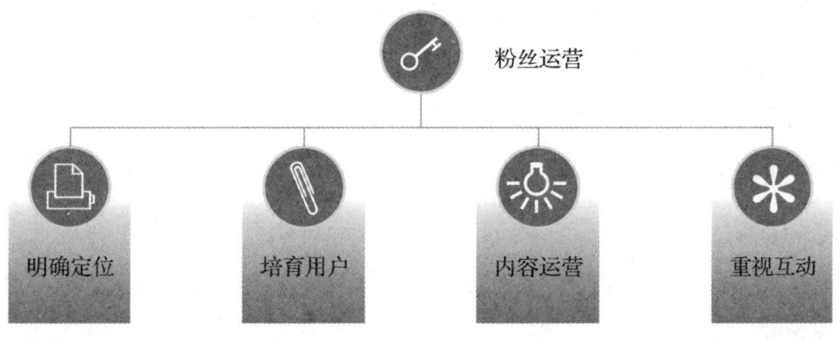

图4-4 粉丝运营

1. 明确定位

公众号要明确人群定位、内容定位，首先应该结合公司核心业务，明确扮演什么样的角色，其次是梳理好内容结构，最后才是每天推送什么文章。企业公众号应该更多将精力用于服务用户，提供与企业服务相关的功能，满足用户需求。让微信公众号对用户真正有用，成为一个随时随地准备为用户提供优质服务的贴身管家，甚至形成一种良好的朋友关系，这样才能更好地帮助企业沉淀、聚合用户。

2. 培育用户

获取种子用户的整个过程是一个反复试验的过程，可以不断尝试。在此阶段，必须耐心。毕竟这是一个从 0 到 1 的过程。进入原始用户运营阶段，微信公众号已经拥有一定数量的粉丝。此时，应该设定更高的目标，制订操作计划，并做好实际的量化工作。分析改善数据信息的各种方法，找到最佳、最有效的方法，让粉丝数顺理成章地增长，最终完成目标；进入客户发展期后，公众号的内容特征和精准定位也比较完善。此时，可以考虑付费推广，推广应快速而广泛，并设定目标和实施计划。

3. 内容运营

微信公众号的生存在于内容营销。好的内容不一定能胜出，但是差的内容必输无疑。在这样的生存条件下，以数量取胜一直缺乏实际意义。许多公众号已经减少了日常发文量，一方面是为了减少过度消费；另一方面是要减轻原创工作的压力，从而有更多的精力来编写内容，关键要连续、稳定地输出高质量内容。推送多个内容很容易引起整体内容的混乱，并且内容之间没有明显的差异。内容栏目化基于对用户喜好的准确定位，并有目的地将具有相似主题和样式的内容归为一类。每次选择内容时，要按照风格特点来选择。

4. 重视互动

成为互联网媒体就是做好一件事情——跟粉丝成为朋友，吸引粉丝，使微信公众号更具黏性和个性化。微信公众号的好坏是看它的阅读量和内容。做好基础工作后，目标是更多地拥有粉丝，只有这样，才有动力继续创造内容，并保持微信公众号的运作。公众号提供给用户一个表达和沟通的入口，每个人都有基于主题要谈论的内容，微信公众号开通了留言功能，用户可以点击文章写留言，运营者可以在公众号后台回复粉丝的留言。最重要的是要与客户进行互动，在互动的过程中了解目标客户的真正需求，从而将企业自身的产品以最美的姿态展现在这类用户的眼前。

三、微信群：社群的活跃度

如今的微信社群发展多数呈现两种状态。

一是专门发放福利的商业广告群。这类广告群也可以分为两类：一类是“佛系”运营，群主每天的运营工作就是定时发放优惠券、抢券活动；另一类是服务类型社群，如私域直播社群，运营者多数是导购，更注重服务带来的转化。

二是行业圈子群。这类群需要群主用心运营，以提高社群的活跃度，如电影粉丝卖票群。除了电商平台，基于信任关系的微信社群就是其最好的交易沃土。

无论是做行业社群还是商业社群，最重要的一点就是明确社群定位，之后对症下药，社群才能有一定活跃度，长期存活。

1. 提供垂直领域的行业价值

如果你是做电商的，不妨为你的读者提供一份电商行业的早报。当然，这只是维系与读者关系的一种方式。基于社群，还可以在群里鼓励大家积极发言、互相解答行业疑惑。

2. 重点把握行业对象，明确个人责任感

当有人抛出问题时，管理员要明确让 2 ～ 3 人来解答。长期如此，大家不仅相互建立了信任感，还能转化客户对接资源。久而久之，这部分活跃客户就成为社群的 KOC，带动大家的积极性，社群活跃度也就起来了。

3. 送出福利，奖励 KOC

对于积极发言的朋友，计划每次举办活动之时抽取部分名额，免费送出门票；或者是在一些特定日子发放纪念品等其他福利活动，以调动大家的积极性。

4. 强 IP“坐镇”

我们希望社群活跃，但很多人容易陷入一个误区，误以为社群需要每天都很活跃。其实不然，社群只需要定时定期活跃就行。因此，能维持社群长期存活，强 IP 的加持必不可少。有了强 IP 的加持，社群成员之间的联系纽带也会进一步加强，社群也就被盘活了。

总之，行业社群主要围绕价值、熟悉、信任三大关键词不断完善整个社群环境，明确自己建群的目的，围绕目的去打造社群的内容和活动。在这个过程中，要选取 KOC、加设 IP，逐步建立门槛和激励体系，提供有价值的内容。

四、视频号：公域 + 私域的组合

视频号是“短、平、快、直接”的连接器，连接人与各种服务，由于视频号内容的流动性更强，视频形态的内容更适合机器推荐，人们更关注的是内容，而不是人。

微信视频号的特点如下。

第一，视频号可以发布 60 秒以内的短视频，或者最多 9 张轮播图。

第二，视频号在发布内容的同时可以导入公众号链接，为公众号引流。

第三，视频号内容可以转发给好友，或者转发至朋友圈。

第四，视频号有更多元的推荐算法，打破流量壁垒。

1. 社群、朋友圈、公众号引流

在制作小视频之前，可以准备精美的宣传海报图片。海报包含视频号二维码和视频号的详细介绍，以便客户可以在看到海报时迅速看懂并关注该视频号。给客户一个关注的理由，通过创意文案，将推广海报推广到微信公众号、微信群和朋友圈，寻找“种子用户”。

2. 视频号互推

基本上，如果你有一定数量的粉丝，则可以与其他视频账户进行协作，并相互推荐粉丝。视频账号的创意复制区域可以提及其他视频账号的所有者，当你在留言板上发表评论时，可以立即单击以自动跳转到其他人的视频账号的主页。被推动的账户所有者还可以在发表评论时主动在留言板上留下消息，以增加粉丝的总数。

3. 评论区引流

你可以给自己视频号领域下的热门视频留言，点赞数量多则可置顶，其他人可以在看到你的留言后，点击你的视频号，直接到达视频号主页。评论内容要与原视频内容相关，也不要有广告，否则，容易被原视频删除回复。注意视频号主页和简介要清晰，让引流过来的用户点击进主页，能够使其快速知道在这里能获得什么。

4. 其他平台引流

除了微信生态内的流量，我们也可以去小红书、知乎、今日头条等平台去寻找流量。比如，在知乎里搜寻与内容相关的问题去回答，然后插入自己的视频号账号，用户觉得回答不错，自然会来关注你的视频号。

5. 利用产品引流

可以利用视频号的私信功能，用一些知识资料类的礼包去吸引粉丝关注视频号，关注后通过私信将知识类礼包发送给粉丝，当粉丝达到一定数量时可以做知识付费产品或者书单。

总之，视频号是现阶段最火的引流入口，改版后的视频号可分享至朋友圈。首先，在朋友圈彻底打通的视频号，等于打通了微信这个超级流量。其次，视频号的推荐机制与其他大数据推荐不同，不仅可以通过平台推荐，还可以基于微信好友的社交关系去推荐。比如，你是做运营的，那么周围的朋友肯定也有很多做运营的，看到你点赞的内容，他看完后也点个赞。这样就能调动精准的"种子用户"，让视频源源不断地被分享出去。同时，视频号的开放也意味着封闭多年的朋友圈社交将被打开，视频号目前接通了微信公众号、微信朋友圈等，同时兼具微信生态的平台公域流量和微信用户私域流量，再联合小程序、小商店、支付等工具，就能够形成一个微信生态的完整商业闭环。

五、企业微信：品牌运营的利器

根据 2021 年微信公开课 PRO 上公布的数据，截至 2020 年 12 月 23 日，企业微信上的真实企业与组织数超 550 万，活跃用户数超 1.3 亿，企业通过企业微信服务和连接的微信用户数已达 4 亿。例如，创立于深圳的比萨品牌乐凯撒，自 2020 年 3 月以来通过企业微信 + 社群模式，积累了 30 万名客户，3 个月内的复购频次从 1.3 次提升到了 1.5 次，复购率更是从 19.1% 提升到了 29.4%，客单价从 98.9 元提高到了 104.3 元。

企业微信提供了一个平台，把从视频号、直播间导流的所有流量都聚合起来，进行高效客户管理，留存用户并使其产生复购，从而实现“视频号 + 直播转化 + 企业微信”新商业闭环模式。通过视频号和直播，企业可以触达微信全域流量，积累出大批量的粉丝。触达用户之后最重要的就是转化用户，把大批量的粉丝转化为自己的精准用户，沉淀出自己的企业私域流量池。企业微信自带自动回复、群发等用户营销功能，被封号、其他企业销售带走用户等风险也比个人微信小，因此，把用户沉淀在企业微信里是最好的选择。

企业微信有连接微信、统一管理、有效运营三大特点，如图 4-5 所示。

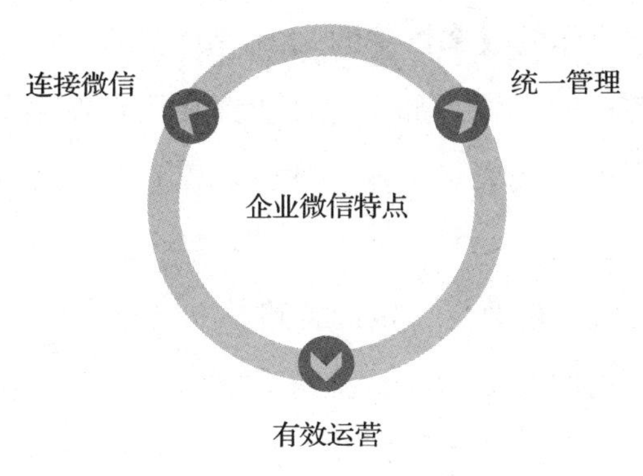

图 4-5　企业微信特点

1. 连接微信

很多企业为了服务用户，都是通过微信联系的，为此搭建了自己的公众号、社群等，对应也产生了一个问题：因为成本考量，很多岗位联系用户的微信都是私人的，一旦员工离职，那么用户资源的流失就会造成企业的巨大损失。市面上对内的办公工具有很多，企业微信只是其中一个，而类似工具还有钉钉、飞书等，但是企业微信是打通了微信的办公工具，这一点就让它有很强大的吸引流量的服务能力。

2. 统一管理

优化企业、员工和用户这三者之间的关系，沉淀用户资产，有效支持公司各个业务。如果能有集成化软件帮助企业完成统一化管理，那么企业的运营效率提升将是可见的。这个就是中台管理的优势与好处，企业微信就是这种帮助企业实现集成化管理的一个工具。

3. 有效运营

因为企业微信是官方的用户服务运营工具，里面有很多营销小功能，可以说微信用第三方插件能实现的功能，企业微信都有，而且是官方提供的。企业会产生大量的文档沟通、视频会议，甚至日程管理、行程管理等，其效率是通过协作的效率体现的。

总之，各行各业的很多头部品牌企业都在用企业微信来服务用户。企业微信号有个小尾巴，代表了企业认证，所以它有更强大的认证背书，会更有信任度。

用企业微信运营，也要有一定的思路。

一是展现专业的服务能力。员工可以自动在线生成企业微信团队出品的员工名片、海报、工牌等用于对用户进行一对一的专属服务，具备统一正式的形象，更好地建立用户信任，展现企业专业服务能力。例如，五谷磨房员工的朋友圈就好似货架，员工的个性签名和头像就是欢迎光临、店铺招牌，在微信上与用户进行联络发布促销活动。

二是建立用户服务群做好服务。群成员满 200 人后无须加好友拉入群，会自动更换新的群二维码，新用户自动加入新群，且群二维码长久有效，不会过期。设置进群自动欢迎及回复，在进群后第一时间与用户建立联系，以免错过最佳建联时机。例如，某品牌咖啡每个门店的用户可以先加首席福利官为好友，然后再围绕门店的LBS（基于位置的服务）位置信息自动拉群。分群后，一键设置快捷回复用户，建立常用话术资源库，提前配置好欢迎语，自动向新用户打招呼；优惠券、会员卡、折扣商品、链接等，均可以设置为欢迎语的内容之一，来一个快速见面礼；建立标签体系，使用标签高效群发功能，自动同步活动信息，快速触达整体目标用户。

三是避免因人员流动流失用户。员工离职后，名下用户会自动归属至企业，用户资源不会流失掉，且用户方面属于无感转移。让企业经营的数字化资产，始终归属于企业。

总之，提及私域流量，大部人想到的都是微信，用微信拉群，在群里带货、卖货等。不过微信也存在限制，如离职员工的客户继承，缺乏企业品牌标识，无高效的社群运营工具。虽然微信存在限制，但作为与微信互通的商业办公工具，仍是企业搭建私域流量池的最佳方案。

第三节　私域流量的解决方案

企业微信成为构建私域流量的主阵地，把全渠道的流量加到微信、微信群、个人号进行重新规划，需要组建基础的销售、产品规划、设计团队，利用朋友圈、微信社群、小程序、公众号、直播等全面提升用户的复购交易额。在2019年的微信公开课上，张小龙为企业微信定了一个方向：希望让每一个企业员工都成为企业服务的窗口。一方面，在“人就是服务，而且是认证的服务”的理念定调下，企业微信推出了一个又一个强连接属性的新功能，如员工离职继承无须用户同意，开放企业朋友圈，群聊人数升级至200人，可与个人微信好友互联互通。此外，企业微信添加好友数，理论上没有上限。另一方面，对个人微信端的过度营销行为，官方的容忍度已经越来越低，一旦出现使用第三方外挂软件、群发引导链接、被人举报等行为，直接封号。

个人微信偏人际交流，企业微信侧重于商业服务，两者的定位泾渭分明。2020年5月18日，企业微信官方发布，已有2.5亿的企业微信用户（2019年12月企业微信用户仅6000万），平安银行、中国人保、天虹、屈臣氏、vivo、西贝等知名企业都在通过企业微信把生意做强、做大。

 专栏 4-3

一只颠覆传统蛋糕行业的熊猫

近两年来，在传统烘焙行业出现了一个传奇品牌——熊猫不走蛋糕（以下简称熊猫不走）。市场上甚至流传着这样一句话：吃火锅来海底捞，吃蛋糕选熊猫。熊猫不走通过“产品＋服务”模式创造差异化需求，并通过品牌运营和营销推广进一步提升品牌价值，把传统烘焙业的用户体验做到了一定的高度。

1. 熊猫不走的概况

熊猫不走是一个互联网蛋糕品牌，主要从事生日蛋糕的产品开发、生产和分销。同时，在分发给用户时，还将为用户提供舞蹈、魔术、乐器表演等庆祝活动。

2. 熊猫不走的商业模式

（1）线上线下推广，让更多人知道。

在品牌营销层面，熊猫不走的订单来自传统的广告宣传、第三方在线服务平台、线下促销三个部分。促销只占很小的比例，广告的选择只根据一个原因：价格。无论广告大小，所有广告都会有自己的受众。因此，熊猫不走选择广告的准则就是便宜。尽管受众可能较小，但平均成本效益较高。

熊猫不走擅长运营在线平台。它将每个服务平台的实际操作分为不同的协作组，研究其操作标准，进行跟踪，并寻找升级和迭代的可能性。如今，一个业务部门的业绩记录已经超过600页。在大型购物中心，地铁站和运营场所散发传单，详细说明了官方微信公众号，免费试吃产品，玩游戏，并邀请用户反馈或分享。当然，生日蛋糕也具有场景类型的优势，用户会将生日场景发送到微信朋友圈，根据生日蛋糕中添加的一些美观标志，用户将自动进行二次传播。生日蛋糕是一种消费价格高，消费频率低的产品，用户通常会选择有品牌印象或者口碑好的品牌。因此，品牌必须向他人展示其非常有价值并希望被强烈推荐的理由。能传递快乐，有一定趣味性，以及好品牌就是可以被推荐的理由，因此熊猫不走的推荐率和二次传播率不断提高。

（2）“质优价廉蛋糕＋营造幸福氛围”。

熊猫不走选择了“质优价廉蛋糕＋营造幸福氛围”这一战略路线打造品牌，此战略包括品牌定位、品牌名称、超级符号、超级话语和产品结构。

当杨振华准备做生日蛋糕时，他已经明确了活动的定位。经过头脑风暴和投票选出“熊猫不走”的名字后，熊猫不走的路线规划和定位已经完成。接下来要做的是超级符号、超级话语和产品结构。创造快乐的场景需要受过专业培训的人在给用户送蛋糕后，通过跳舞、魔术、唱歌、拉小提琴等创造性行为来增加用户的快乐，这就意味着他们必须亲自培训这些雇员。为了节省成本，放弃商店，位置不再重要，扩大服务半径，形成城区、仓储配送中心、自建中央厨房、冷链运输和专业配送逻辑。在品类上，只做生日蛋糕的品类，降低了供应链、营销、生产、运输和配送的成本，提高了效率和用户忠诚度。用户忠诚度的提高是由产品、服务和口碑引起的。裂变是由传播决定的，最好的交流工具是短视频。这样就形成了“一个城区＋一个仓库＋专注单一产品＋电子商务渠道＋公司直销＋创造幸福”的商业模式，实现了“质优价廉蛋糕＋营造幸福氛围”的差异化竞争战略。

这种模式的特点是以用户为中心，用户再购买率高，前期准备以人才为导向，以培训为核心。一旦准备就绪，将迅速启动，并在全国迅速复制。就这样，他们在惠州成立后，仅用四个月时间，就通过用户体验和口碑的裂变，实现了区域行业第一、回购率第一的目标；在用户流量快速增长的广州番禺区，他们在一个月内取得了地区类第一名，在佛山市三个月内取得了第一名。

（3）打造优秀团队。

收入是所有工作的前提。熊猫不走的工作人员的工资不少于其他行业的工资。由于公司必须拥有从 0 到 1 及从 1 到 100 的不同人才，而后者还需要大量的高级人才，熊猫不走花费大量时间和精力来吸引优质人才。例如，为了更好地邀请具有与公司理念相同的杰出管理人员，向他们提供两倍于同一行业的薪水，并花两年时间与他进行沟通，慢慢说服邀请他。此外，为了更好地发挥这种优势，公司本身继续稳步发展，扩大业务规模，并让同事和潜在同事看到公司的未来。

该公司创建了自己的管理方法及学习和培训系统。每个培训内容都将根据书籍现场学习培训，向来自世界各地的相关优秀人才学习，以便同事们有很多的学习和培训机会，这样才可以在工作中表现得更好。促进公平正义和奖惩机制不被人为因素破坏，不随意行事。例如，熊猫不走会根据服务级别和订单信息总数进行评级。服务水平反映在熊猫不走的用户评论和反馈的录音中，其规定每个订单信息都必须有通话音频。专业的在线用户服务会收听音频，以评估整个过程的用户体验。除了服务水平发展外，还对公司的其他服务项目进行改善；熊猫不走会为每个同事庆祝生日，精心安排主题活动，如张贴海报、送花等；在中秋节期间通过电话与亲朋好友聊天，并在亲戚面前赞美他们；花很多时间关注和启发同事。

3. 总结与启示

熊猫不走掌握了一个很好的卖点，即它是现场蛋糕营销的先行者。保鲜是他们的初衷，配合现场销售，让大家感受到爱和幸福，这是熊猫不走发展的主要竞争力。所有产品的销售都以用户满意为基础，用户满意无非是取决于质量、价格和售后服务，熊猫不走的核心竞争力在于售后。未来，情景创新能否在公司持续扩张的过程中继续保持，是熊猫不走管理层的一个重要关注因素。

一、用户运营

用户运营以用户行为数据为基础，以用户激励与奖励为手段，不断提高用户体验，促进用户行为转化，延长用户生命周期价值。近两年，各大行业巨头纷纷在用户运营领域不断布局，如阿里巴巴推出 VIP 会员，开始全面打造深度的会员服务体系，京东成立用户经营中心，苏宁则把用户经营提升至最高级别，它们已经将用户运营作为企业的战略性工程来抓，利用 AARRR 运营思路操盘，如图 4-6 所示。

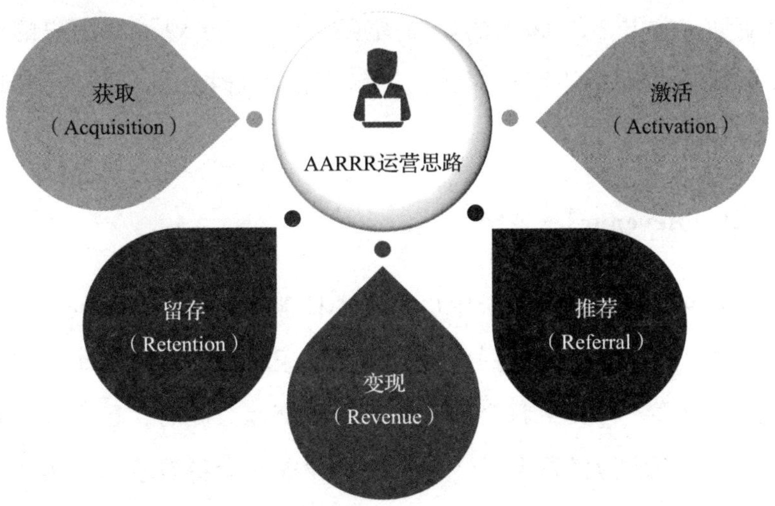

图 4-6　AARRR 运营思路

1. 获取（Acquisition）

获取新客，直接简单的方法就是通过站内、站外的曝光，让新客进来。在新客获取上，尽量从源头上占据主动。作为一个产品，就必须要有人负责找到产品的“新朋友”。在产品冷启动阶段，我们要找的是种子用户，即你一开始的朋友，而这些朋友通常也将是你未来的“铁哥们”，因为他们将积累与你最长久和最原始的感情，这让你们的关系变得超越一般其他的朋友。并且，种子用户可以少，但是必须精。

2. 激活（Activation）

我们可以将新流量分为两部分，一个是未注册并未提交订单的访问者，另一个是已申请注册但未提交订单的用户。在正在浏览的用户中，我们需要激励真正的用户，并根据他们的个人行为（访问浏览、个人收藏、添加到购物车等）洞悉他们的购物需求，以及购买商品的困难点。

3. 留存（Retention）

为了更好地留住用户，需要给他们进行分层、标签，甚至是针对性的促销活动，并开展更深入的生命周期研究。当宏观了解用户的整体情况时，必须制订优化的留存对策，了解用户不选择的原因，并尝试保留用户。

4. 变现（Revenue）

针对那些核心用户和活跃用户，除了日常提供我们自己的价值外，也应该有意识、有计划地创造一些契机，加强跟用户的联系，跟用户之间的互动越频繁、深入，关系就会越紧密，形成交互。同时，还可以通过更好的服务，让用户成为付费会员，一方面企业能有会员费收入，另一方面用户的购物频次和消费金额都会更多。

5. 推荐（Referral）

在运营的设计上，能在不影响用户体验的情况下，促使用户主动分享，这是一个重要的点。产品体验好并且能解决用户需求，也可以促使用户推荐。企业可以创建一个规则，让所有购买过产品的用户都能感受到企业的正向反馈。于是用户激励体系就出现了，可能是会员体系，也可能是用户等级体系，企业通过这个体系可以搜集用户的各种声音，也可以借机把产品推广出去。

二、社群经营

价值定位对一个社群来说至关重要，就像是一个人的价值观一样，是最基础的。从三个维度来说明，分别为：是什么样的社群、服务什么样的用户、能提供什么价值。从价值定位角度，可以看到一个社群的形态是否为生态化，且价值观也是一个社群的基础。适合的社群服务对象不能凭空臆想，需要思考运营者自身的能力范围和提供服务的内容与服务对象的相关联性。有价值的内容被用户感受到后，信任感就会逐步形成。但是必须是持续的，因为社群不是一对一的定制化服务，需要持续的输出，才能浸润更多人。

可以利用社群在不同维度上对用户进行细分。例如，不同地区的用户可以按照地域进行初步的分类；根据用户的来源进行分类，如线上、线下、公众号、地推等；根据用户的属性进行分类，如 VIP 用户、普通用户等。

综上所述，社群相比于公众号、个人号，更加清晰和有目的性。更重要的是，私域流量的本质是回归用户运营，让用户不断产生复购、产生真正生命周期价值，社群正是刺激复购、增强用户黏性的最佳场景。同样的，社群也需要配合其他工具一起，“玩”出组合拳。

三、整合营销

1991 年，唐 · 舒尔茨（Don Schultz）明确提出了“整合营销”。它主要是指：我们必须把企业的所有营销活动视作一个整体。总体而言，让不同的传播主题活动共同创建统一的企业形象。就用户而言，长期以来，品牌的单一营销内容一直无法满足他们的需求，只有新鲜、有趣和多样化的营销方式才能把握其集中度。这就要求品牌实施营销对策。随着互联网时代的发展，品牌营销计划越来越全面，从所有销售市场、领域和用户需求的产业链整合出发，考虑对品牌进行合理的营销布局。在时代的多元化特征下，整合品牌的线上、线下资源，构建多场景内容，吸引用户的眼球，输出品牌的艺术创意内容、服务宗旨、价值观念等，并创造产品和用户产生情感共鸣，创造有趣而合理的互动交流，以及实现利润最大化，以达到品牌营销的实际效果。品牌营销可以促进品牌每个销售渠道之间的密切联系，达到“1+1>2”的实际效果。

1. 确定目标用户

无论进行哪种类型的营销，寻找总体目标用户都是第一步。为有目的的特殊用户开展品牌营销主题活动，并在他们最终实现访问、信息查询和交易量之前展示有价值的内容营销。

2. 明确用户需求

目前，许多品牌拥有稳定的粉丝群，但他们不知道此受众群体的需求，因此无法进行转化。在营销和推广品牌的整个过程中，必须不断探索用户需求，这必须依靠方法和判断力。如果品牌未能建立用户需求，那么该品牌将无法真正进入销售市场。就拿小熊电器来说，根据家电知名品牌的核心竞争力，挖掘到女性用户的需求点，建立小巧、经济、实用的产品定位与相应的推广方法。

3. 制订营销方案

营销的本质是提高用户对品牌的需求，以完成购买意图。因此，在明确目标用户群体并针对他们需求的基础上，制订一套有针对性的营销计划，根据用户的需求展示合适的产品，对症处理。此外，还可以产生良好的销量，如某酒业品牌，根据智能整合和具有艺术创造力和有效性的策划方案，与客户建立联系，实现优秀的传播力。

4. 整合传播渠道

对品牌来说，有必要了解各种传播渠道，并从中选择最优的渠道，以实现最大的预期目标。例如，某酒业品牌根据新零售的精确引流方法创造了私域流量，并完成了转化。

5. 总结营销效果

品牌必须在中后期进行营销总结，分析营销推广实际效果的转化率，并为品牌的后期发展趋势选择优质的资源整合。随着 5G 移动和 AI 物联网技术的消费升级，无论是竞争、市场需求，还是消费者行为主题和产品特性，都将不再固定且不会改变。这是一个开拓性和创新性的整体，并借助数据，可以合理地调整品牌的营销策略，进而促进品牌营销和品牌创建的准确、合理，最终成功地突围。

四、资源渠道

一切商业动向都在表明，2020 年是私域流量元年。要了解私域流量的价值，首先要了解的是流量池，它是指持续获取新用户的方式。例如，淘宝、百度搜索、新浪微博等，只要预算充足，就可以不断获取新用户。其次，私域流量是指相对流量池，它是指可以随时随地免费联系用户的方式，如媒体平台、微信群、微信号等。最后，建立在数字化基础上的新营销体系已经开始快速生长。因此，要借助数字化技术抓住私域流量红利，深化与消费者的关系，真正把产品做好、服务做好、渠道铺好。资源渠道如图 4-7 所示。

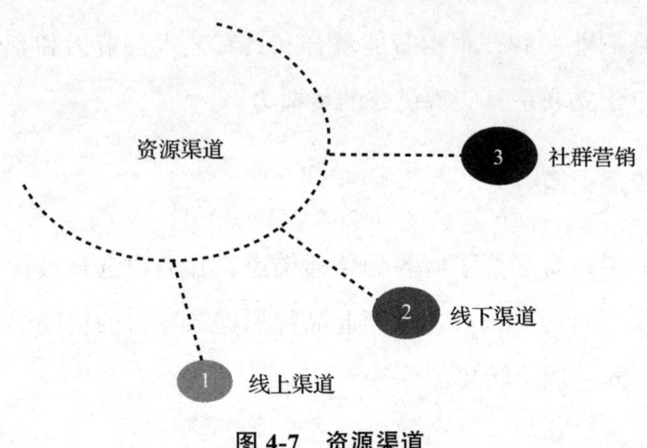

图 4-7　资源渠道

1. 线上渠道

付费引流是指在百度、淘宝、京东、主流社交平台和 KOL 的自媒体平台中投放广告，将流量从公域流量池引流到自己的私域流量池中。付费投放营销广告，只要有预算，多次优化，就会达到不错的效果。在平台的初期，粉丝成本是很低的，但是当平台成熟起来后，获客成本也直线上升。

微信小程序直播是微信官方网站对微信小程序的颠覆性创新，旨在提高微信小程序的市场推广，它具有流量归属商家、门槛低、操作简便、社交性强和转换能力强的优点。在直播间里可以立即购买产品，从而减少用户考虑购买产品的时间，还可以关注、评论、领取优惠券等，提高用户参与度和黏性，极大地提高了运营的活跃度。此外，“直播 + 分销”的模式提高了私域流量池的可变现性，云店、微商城对商家或品牌企业来说承载着获取用户、服务转化交易的重要使命。使用小程序直播组件的前提是商家或品牌拥有自家的小程序商城，要不然无法进行转化环节的完成，所以需要先进行云店、微商城的开通。

2. 线下渠道

区域流量中最大的板块就是区域线下流量，如经常在一些商业街看到的加微信赠送小礼物的推广团队，这种就是最基础的线下地推流量。另外，还有线下大屏、电梯广告、宣传单页等形式。

起源于广东省惠州市的烘焙品牌熊猫不走，从 2017 年品牌创立到 2019 年，短短 3 年的时间就低成本获客 270 多万，按其创始人杨振华的估算，熊猫不走的营收以每 3 ～ 4 个月翻一倍的速度增长，在 2019 年年底月入过亿元。熊猫不走每到一个城市，在开店之前会先进行引流，他们的引流形式纯粹是依靠线下，与本地商场洽谈好，熊猫不走在商场大厅进行活动，同时还可以为商场带来人流量，由于每个商场都有自己的到店量的人数指标，一般不会收取场地费用，所以熊猫不走线下引流的成本很低。在引流形式方面，通过赠送熊猫不走的公仔进行吸粉，用户需要转发熊猫不走活动的海报到微信群、朋友圈、群发给好友等任务才可以领取。用户领取公仔的过程也给品牌做了强有力的推广宣传，想要公仔的用户看到信息之后也会来商场领取，形成了裂变式的传播。在线下引流的团队配置方面，每一个城市会配一个主管加两名老员工，同时在本地招募 10 个人左右的兼职员工，每一个商场的活动只需要 2 个人。这样一场线下活动，一天可以获粉 2 万多人，平均单个粉丝的获客成本不到 0.5 元。

3. 社群营销

从前大家都更注重用户拉新，但是现在大家开始重视对存量用户的精细化运营。不管是线上媒体还是电商平台，甚至是线下门店，都开始有了一个共识，那就是渴望连接到用户，并在后续做出持续精细化的经营。同时，在这段时期内，我们可以看见的是品牌开始对“最后一公里”越来越重视，大家开始通过一些渠道将内容精准的传达给用户，并借助一些互联网产品作为工具，让线下的交易场景线上化，改变以往只能到店面对面的交易形式。

从公司的角度来看，尤其是从私域流量的角度来看，社群实际上是最佳的销售渠道和最佳的传播方式。尤其是在经历了如此多的销售市场标准，以及市场竞争、新冠肺炎疫情的影响之后，每个人都会发现社群一直拥有一个天然的销售市场，在社群中打造好的口碑自然会产生流量和销量。

爱奇艺：迷雾之后的电视剧项目

2020年，短剧集系列迎来了行业的爆发，鉴于悬疑题材与短剧集系列的高度适配，爱奇艺率先推出了以“12部优秀悬疑短剧集”为特色的“迷雾剧场”，不断向市场传递优质短剧内容，在业内掀起了一股悬疑短剧创作热潮。爱奇艺在优质内容的基础上，采用了一批高口碑剧集在网上密集的编排播出模式，使“迷雾剧场”迅速成为“优质悬疑品牌”的标志。随着几部高质量悬疑短剧的大规模上映，如《十日游戏》《隐秘的角落》《沉默的真相》等，“迷雾剧场”成功聚集了一大批喜爱悬疑片的用户，这些片子在豆瓣的平均得分为8.1分，几部剧都不同程度地夯实了“迷雾剧场”精品悬疑短剧集的特色品牌。

1. 爱奇艺的背景介绍

爱奇艺是龚宇于2010年4月22日创建的在线视频网站。2011年11月26日，品牌“爱奇艺”启动，并发布了新的徽标。爱奇艺成立之初，坚持“质量至上”的企业宗旨，以“用户体验”为重中之重，在持续的技术投入和创新产品的基础上，向用户展示了清晰、流畅、友好的页面。

2. 爱奇艺的运营模式

（1）靠原创的爆发力和类型化内容获取圈层受众。

“迷雾剧场”是爱奇艺在中国新升级的悬疑剧场。剧场里第一部作品《十日游戏》，一经推出就以独特的双线叙事手法和对爱情元素的巧妙融合赢得了广泛赞誉，在豆瓣、知乎、猫眼等平台获得8分以上的高口碑。从发布的完整名单和试点预告片可以看出，迷雾剧场的后续作品将丰富的内容元素和现实思考融入悬疑的主基调。在内容创作方面，以悬疑类为基础，并创造性地融合了爱情、家庭、跨时代追求等元素，形成丰富多样的剧场内容矩阵。除了一批风格特征明显的、备受好评的悬疑剧外，“迷雾剧场”还具有统一的人文关怀和现实背景，巧妙地实现了现实主义下的人文关怀与戏剧表现的平衡。例如，《隐秘的角落》中对青少年心理健康和原生态家庭的探讨，以及《沉默的真相》中主人公对司法公正的执着追求，都是戏剧对现实关怀和人文关怀的具体体现。可以说，借助“差异化风格＋统一核心”的内容输出标准，爱奇艺“迷雾剧场”提升了用户对网络剧产业的认知度，为推动国内悬疑网络剧的创作和升级提供了新的思路和模式。随着悬疑题材的重新细分，爱奇艺“迷雾剧场”拓展了国内悬疑剧的创作视角和流行新表现。

短篇悬疑剧的出现，也凸显了爱奇艺在悬疑剧原创上的优势。《十日游戏》《沉默的真相》《隐秘的角落》《致命愿望》都是改编自海内外知名悬疑作家的小说，他们拥有丰富的创作经验，保证了剧本的逻辑性和细致感。在内容创作方面，爱奇艺奇运工作室、风起工作室联合娄五元文化、万年影业、好记影视等著名制作公司，从剧本、拍摄、剪辑到制作全过程严格把关，共同为原创剧的内容和质量保驾护航。

爱奇艺“迷雾剧场”的成功，是因为对典型内容的深入探索符合服务平台用户的心理状态。典型的内容可以准确打中用户的喜好，再加上高质量，进一步吸引了当前典型的用户。另外，添加不同的元素可以考虑不同用户的兴趣，并提供各种选择来吸引更多用户，甚至转化为深层用户。根据艺恩的数据，《十日游戏》是一部悬疑短剧，观看此剧的男女比例分别为 57% 和 43%。加入爱情元素，可以进一步吸引女性观众。

（2）垂直频道细分直接精准瞄准目标群体，发展 D2C 模式。

以前，“爱青春剧场”分为“校园回忆录”“偶像零距离”“恋爱万花筒”和“冒险大作战”等。回忆青春，追求超级偶像和爱情答疑的需求可以在其中收获答案。“迷雾剧场”更加生动准确，并为喜爱悬疑电视连续剧的用户提供类似的新鲜内容。此外，按照戏剧化的方式，将相同类型的电视剧融合以产生品牌效应。例如，“迷雾剧场”不仅有 6 个悬疑推理的主题，而且都以 12 集形式出现。短剧系列产品的内容更符合年轻一代的观看习惯，并且也与长篇系列产品的内容紧密相关。在短视频等娱乐内容的影响下，视频网站还必须调整内容，通过“组合策略”竞争客户的娱乐时间。如果一部 60 ～ 70 集的新颖电视连续剧不是特别的，社会属性不明显，那么用户总是很难观注它，因为用户的空闲时间很短。但是一部经典的 12 集电视剧不会花太多时间。爱奇艺副总裁戴莹表示，这是他们对这一大型短剧集进行布局的关键因素。

爱奇艺 CEO 龚宇认为，剧场模式的优势在于用户更加关注剧场。前几部电视剧结束后，用户会更加关注后续电视剧，这对剧场的品牌价值和用户积累都有很好的影响，使得品牌影响力在平台上沉淀。同时，爱奇艺将继续增加垂直内容类别，创新突破主题类型，如《河神 2》《鬓边不是海棠红》《了不起的女孩》等自制剧，涵盖奇幻侦探、传统文化、都市职场等主题类型，构建平台电视剧内容矩阵。除了关注内容外，爱奇艺另一个战略重点是推广 D2C 模式（即直接向用户发布内容）。龚宇曾提到，D2C 模式是未来的趋势，爱奇艺将提供公共服务。要提供完善的公共服务，就必须深刻认识供给和需求，了解前沿市场和创作者的需求。

（3）“不同更新方式 + 高质量内容”，加速从 To B 化转向 To C 转化。

爱奇艺互联网剧场的推出，可以从付费用户渗透率和成本控制两个方面扭转之前亏损的局面。据 QuestMobile 统计，爱奇艺 19 ～ 24 岁、25 ～ 30 岁、31 ～ 35 岁会员缴费率分别为 25%、23% 和 20%；2019 年会员平均购买月数为 8 个月。以剧院模式推出的“迷雾剧场”将比单场效果大得多，用户黏性更高，持续时间更长，可以留住更多的现有用户，吸引更多的新付费用户。

“迷雾剧场”推出后，爱奇艺与肯德基跨界合作，推出创新的营销方式：在咖啡杯中为“迷雾剧场”的电视剧发展提供线索。此外，爱奇艺还推出会员福利、有限的“迷雾剧场”预购权等。据爱奇艺副总裁戴莹介绍，未来可能会出现线下联合活动和社区玩法，丰富整个剧场的运作。“迷雾剧场”以其独特的剧场模式吸引了众多品牌广告商，实现了长期品牌价值的积累和沉淀，如 OPPO、脉动、奥迪、大众、南孚等品牌通过前文提到的剧情简介、口播、投放等方式与剧场达成合作，提前锁定了大量黏性用户。

爱奇艺 CEO 龚宇认为，以美国电视剧为基础的网络电视剧将来会越来越流行，即按照“季度播出 + 每周播出”的播出方法，剧集数量减少，单集时间增加，增加单集制作的成本，并聘请合适的知名演员使故事情节回归故事的本质。因此，简短的剧本是当前爱奇艺学习美国电视剧方法的主要表达形式。“迷雾剧场”展示了多种升级方法，为 VIP 会员特地准备，每星期二至星期四 20:00 更新两集，完结在线两天后，星钻 VIP 会员可以免费收看大结局，此运作方法推动了会员的推广。此外，“剧场化”还会根据运营情况释放所有剧场和单剧的营销理念，甚至形成单剧与同一系列项目的联动。例如，《隐秘的角落》中的严良和《沉默的真相》中的严良之间是什么关系？让观众有足够的空间展开想象。

爱奇艺一直在探索中发挥着开拓性的作用，从国内率先付费的网络剧《盗墓笔记》到一次性全集《为了你我愿意热爱整个世界》，再到预先点播和星钻 VIP，爱奇艺一直走在推动创新、改革付费模式的道路上，并取得了可观的成绩，爱奇艺的付费会员数量多，会员收入也超过其他视频平台。

3. 总结与启示

面对国内影视行业，“迷雾剧场”凭借自身的内容质量和规模化的产出，将“中国戏剧崛起”的概念引入公众视野，这是提升全行业对网络剧创作信心的里程碑。据悉，“迷雾剧场”将打造季播模式，推出一批优质悬疑短剧。爱奇艺不断丰富内容矩阵，满足喜爱悬疑剧用户的个性化观看需求。随着互联网技术的不断发展，短视频正在一步步蚕食长视频的用户时间。当短视频巨头进入视频市场，原创视频网站势必面临越来越激烈的竞争。能否出台既能满足原有会员权益，又能以新支付形式吸引更多会员的规则，是每个视频网站需要思考的关键。

本章小结

互联网红利达到顶峰，公域流量的增长速度跟不上需求。一方面商务流量获取的成本越来越高，另一方面电子商务平台的比重也越来越高。而且，在公共领域流量，商家花钱购买流量是一次性的。因此，在这种背景下，商家希望在用户和品牌之间建立起深厚的关系，为品牌储备足够的用户资产和内容资产。通过对用户的有效接触，品牌不断被多次曝光，培养用户的品牌意识和忠诚度，最终促进再购买。私域流量运营不是企业成长的唯一途径，也不是所有企业成长的最有效途径。私域流量运营虽然不是所有企业的标准配置，但必须是所有企业需要掌握的基本能力。私域流量的销售转化是基于用户的信任、可靠的产品和高效的服务。因此，增加用户微信或拉进微信群只是第一步，后续的运营和服务决定了销售能否转化和长久。

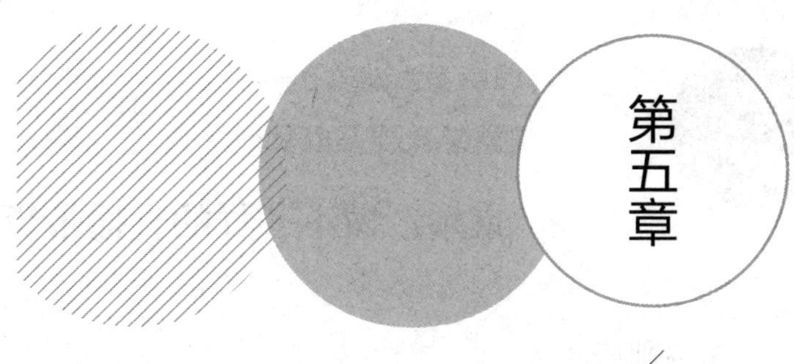

第五章 视频号商业变现

变现可以通过流量和内容两种方式进行，也可以混合进入其他变现方法。而对视频号来说，变现应该采取什么样的方式，抓住什么样的机会，行业的趋势又是什么？

文字和视频等内容，存在的价值在于有人看到，也就是分享。

——微信创始人　张小龙

京东：做不一样的直播带货

1. 企业简介

京东成立于1998年6月18日，创始人为刘强东。京东早期的主营业务为光磁产品代理，后于2004年进入电商行业。2014年年初，腾讯入股京东，达成电商总体战略合作协议，双方之后多次深化合作。在这之后，京东赴美上市，市值达到260亿美元，在当时的中国互联网上市公司中排名第三。除了电商业务外，京东拥有京东金融、京东物流及拍拍网在内的多家子公司，涉及行业有零售、健康、数字科技、保险、物流、产发、技术服务和智联云（见图5-1）。其中，零售、数字科技、物流及技术服务是京东的核心业务。

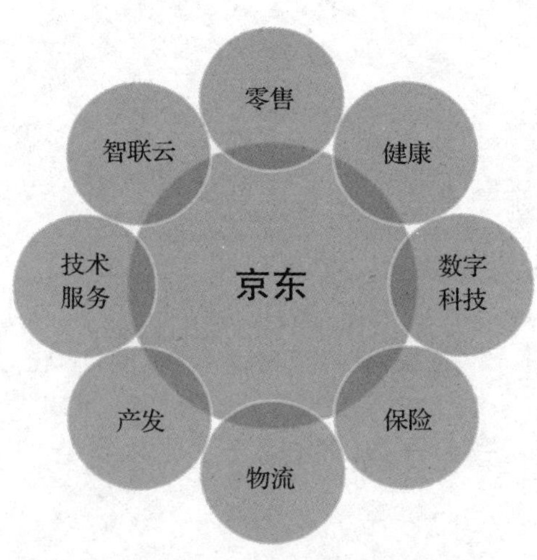

图5-1　京东的业务范围

在不断拓展自身业务的同时，京东还和多家企业达成了互利共赢的合作协议，包括腾讯、沃尔玛、今日头条、爱奇艺、谷歌、小米有品等。京东从一开始就明确了流量在电商行业中的重要性，在早期就和腾讯达成了合作协议，获得了腾讯引流过来的大量流量。除此之外，京东还十分重视用户体验，通过京东物流实现了次日达、极速达、京准达和无人机服务等一系列优质的配送服务，极大地提高了用户体验。

2. 不一样的直播带货思路

在 2020 年的“6・18”电商活动中，直播电商这一新兴电商形式成了各大平台竞争的主战场。而在一众电商中，京东的主播阵容最为豪华，堪称直播平台中的“C 位”。花费如此大的心血其实是京东直播对“品质直播”战略的一次全新试验。最终在“6・18”活动中，京东的直播场次达到 2019 年“双 11”的 15 倍，日均带货销售额达到了 22 倍。

所谓的“品质直播”区别于传统直播带货，更加注重直播所带来的营销效果。京东着眼于直播间由单纯的带货工具向复合型的营销工具发展，换句话说，京东直播的核心目的是做好用户营销推广，带货只是其衍生出的结果而已。在之后的“京东 11・11 直播超级夜”活动，同样执行京东的“品质直播”战略，并且再次获得成功，深入剖析这次活动后，发现了其成功的 4 个诀窍，即直播质量、明星主播、专业团队、渠道多样，如图 5-2 所示。

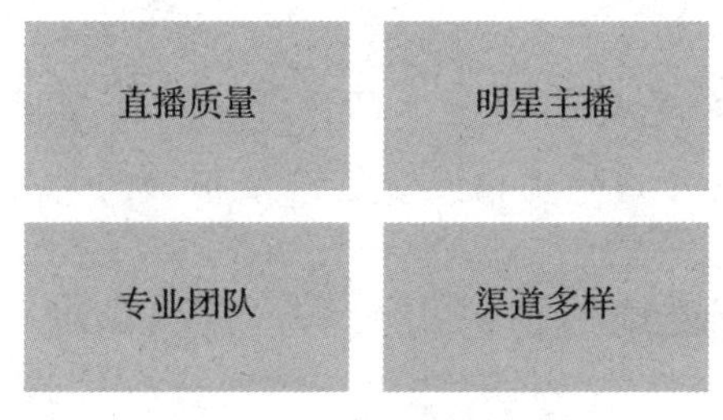

图 5-2　京东直播成功的诀窍

首先，在直播中，京东没有按照传统直播电商的思路将产品销售放在核心，而是聚焦于直播的质量，这也是“品质直播”的基础条件。基于这一原则，京东在直播中很少安排相关的广告，保证了用户体验，让用户享受其中。

其次，在嘉宾阵容上，京东花费了大量心思将不同属性的明星组合在一起，尽可能多地覆盖不同人群，使直播更加多元化。对不同兴趣的人来说，京东的直播总能看到喜欢的明星。

再次，一档高水平的直播活动还需要一个强大的后台团队作为支持。京东请来了曾经担任北京奥运会开（闭）幕式音响总工程师金少刚负责直播的音响设备调试，《中国好声音》音乐总监刘卓负责直播的音乐设计。灯光团队、舞蹈团队也都有着多年的大型晚会表演经验。专业的团队为直播保驾护航。

最后，活动办得再好，用户无法参与进来的话也很难达到营销效果。所以京东在活动中创造性地引入了电脑、手机和电视的多屏互动功能。前面曾提到，活动中很少出现相关品牌广告，那么营销内容又要如何分发呢？答案就是这个多屏互动，在主屏活动中减少广告数量，提高观看体验，而在分屏的第二直播间，即手机上负责带货工作，用户在这个直播间中可以进行特价抢购及与明星互动。这样的方式很好地解决了传统直播带货由于节目质量问题很难吸引到用户的尴尬局面，将观看节目还是在直播间购物的选择权交给了用户，进一步提升了用户体验。

总之，本次活动全网超 2.2 亿人次观看，两次出现在微博热搜中并且产生了 50 多个微博热搜话题，这一数据是传统电视媒体难以达到的。这些数据的背后也证明京东的这次直播带货，或者说直播营销的目的达到了，证明了京东注重营销的直播带货思路是正确的。

3. 体验驱动流量变现

和其他几家直播相比，京东的直播显得有点“非主流”，这个模式真的行得通吗？

从京东的数据分析是可行的，因为不是每个用户进直播间都是想买东西的，更多的用户是以一种逛街的心态在浏览电商平台。他们进入直播间可能只是出于兴趣，而不是带着购买欲望进来的。就在他们看的这段时间里，有的传统直播电商通过狂轰滥炸的叫卖让用户埋单，这就和逛街时一直缠着你的导购一样，很容易让用户产生反感，反而需要通过一定的表演，抓住用户的兴趣点，这样才能真正留住用户。京东直接通过表演吸引观众进入直播间的方式就很好，更容易被用户所接受，大部分用户所需要的可能就是简单听一首歌或看一段舞，而并不是购买商品。在京东直播间中没有烦人的叫卖、俗套的演技，用户真正享受到看直播的乐趣，必然会愿意留在这个直播间内。只要留下来了，营销式直播的目的就达到了。当用户有购买需求时，自然会在京东的直播间进行购物。

从结果上看，京东营销式的直播效果确实不错。2020 年 11 月 1 日，京东的直播带货成交额达到了之前“6·18”活动的 6 倍，同年 11 月 11 日零点后，6 秒销售额破亿元。

4. 结论与启示

在互联网时代下，用户的选择变得丰富，所以用户体验在用户吸引和留存中的重要性进一步凸显，成为企业发展的关键因素。京东在直播电商领域另辟蹊径，创造了高品质营销式电商直播。在京东的营销式直播中，用户体验一直是核心关注点，良好的用户体验可以促进用户消费，实现流量变现。

第一节　视频号变现的商业逻辑

首先，本节要探讨的是视频号在变现中应该采取什么样的模式，明确视频号变现的最终目标，在变现过程中遵循什么样的原则。其次，了解了这些之后还需要明白视频号目前的潜在机会在哪里，要如何去把握这一机会。最后，要对视频号未来发展进行分析，找出行业未来的趋势。

视频号有着比其他平台更加强大的变现能力。在流量上，视频号可以同时在私域和公域两个流量领域都实现覆盖。在受众方面，年龄段覆盖上至老人下至少年，收入水平上既有低收入群体，也包括不少高收入群体，这些用户都不可避免地要接触视频号。在功能上，视频号、小程序、公众号、直播和支付功能一应俱全，可以完美实现全套变现流程。

一、视频号变现的核心本质

生产内容、形成 IP 和商业变现是每个内容创作者梦寐以求的可循环商业闭环，一旦实现了，就意味着这个账号拥有了能够长期发展的能力。视频号和传统长视频在时长和运营平台上有一定区别，视频号时长更短并且通过微信社交软件进行传播，所以在变现方式上两者有很大不同。

视频号变现的核心是围绕着本身的特点及目标用户的需求进行，视频号的最大特点就是很好地适应了时间碎片化的社会趋势，并且传播平台是在大众常用的微信中。所以视频号变现的核心本质是“视频号 +”的模式，即将视频号和另一具有变现能力的项目进行深度融合，如图 5-3 所示。

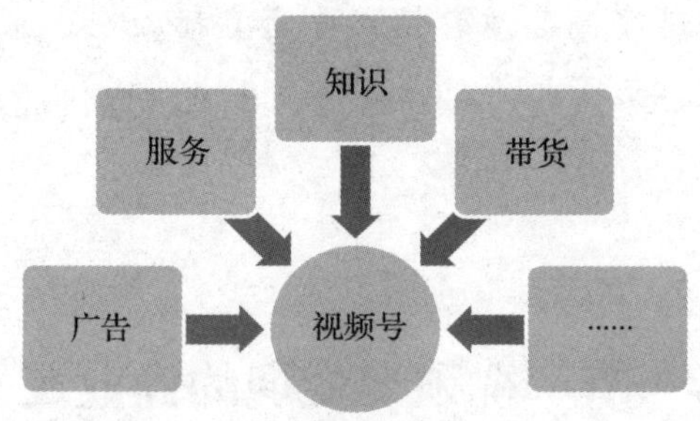

图 5-3 “视频号 +”模式

例如，之前火爆全网的龙王歪嘴笑，就是通过短视频形式进行宣传的一个网游广告。在这个视频中并没有生硬地将游戏广告植入进去，而是通过短视频情景剧的形式讲述了一个底层青年的逆袭故事，并且以夸张的情节、台词和表情吸引用户观看，而游戏只是在台词中及视频最后出现过几次。这一广告方式区别于传统广告和视频的割裂，将视频与广告进行融合。视频就是广告，广告也是视频，很难将两者区分开来。

所以视频号要在不改变自身内容形态的基础上和不同的变现方式进行融合，如知识付费型视频号、电商型视频号等都是很好的变现模式。并且所有变现模式的终极目的都是实现创作变现的良性循环，逐步实现生态化和规模化，最终将效益最大化。

在视频号变现过程中还需要注意广泛铺开、重点发展、垂直细分三个原则，如图 5-4 所示。

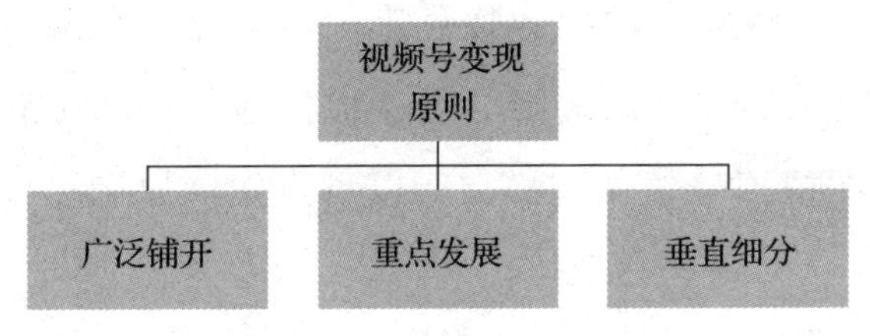

图 5-4　视频号变现原则

1. 广泛铺开原则

在探索变现方式的过程中，要多做不同的尝试，尝试的内容包括不同“视频号 +”模式，还包括在不同社交圈子进行内容投放，以及不同类型内容的创造。最后选择合适的模式、范围及领域进行视频号的盈利运营。

第一，在视频号的前期，变现困难是肯定的，所以这时要积极拓展视频号的商业盈利模式，不能依赖于某一个模式，这样不仅会有风险还不利于未来视频号转型。

第二，在视频号中，拥有私域流量是一个很大的特点，这也带来了一个很大的问题，就是覆盖范围可能会因为社交圈子的大小而受到影响。所以在视频号变现运营中，要广泛寻找受众用户，尽可能多地在不同群体之间传播自己的内容。

第三，就是内容的多样性，对用户来说，他们会更加关注自己感兴趣的内容。所以对视频号来说，更多样化的视频内容可以吸引到更多的用户，在未来变现过程中具有更大潜力。

2. 重点发展原则

经过了前期的广泛铺开式运营后，就需要寻找其中效益最好、潜力最大的细分领域进行重点培养。重点发展原则就是要让创作者明白哪一种模式对他来说是最重要的，可以作为核心来发展；哪一种模式是次要的，可以作为计划来发展。由于在中期，内容是否被用户所喜爱已经可以得到明确的数据证明，所以这一原则还要求创作者在具有优势的领域内继续加大投入，将原有的内容特色进一步强化，在某一领域内保持优势。互联网效应中的“二八法则”是这样描述的：20% 的头部个体会拥有 80% 流量。在视频号领域同样，所以重点发展原则可以使变现收益最大化。

3. 垂直细分原则

从趋势上看，互联网未来的发展方向是细分市场及垂直深耕，只有这样才能拥有长期稳定的目标用户，形成用户黏性，产生品牌效应。在视频号领域同样如此，创作者在追求进一步发展时，可以从垂直的角度进行挖掘，为部分用户提供服务，了解他们更深层次的需求。成功在用户心目中建立起良好的品牌形象后，创作者本身的属性就会被用户所记住，变现模式的选择这时已经不是问题了。

要注意的是，垂直细分原则不是让你去做一些生僻冷门的内容，而是在大众领域将不同元素组合在一起，形成具有自己特色的细分领域。例如，手机视频的范围就很广，有新手机评测，有手机使用技巧教学等，而其中的细分可以是“手机 + 测评 + 拆机 + 手机维修”这一方向，专注于手机的测评，测评方式是拆机，并且会教用户简单维修手机。用类似的方法就能挖掘出适合自己的细分领域，只有把握住了自己的细分领域，在复杂多变的竞争环境下才不会随波逐流，才能拥有稳定的商业模式，实现长期的收益。

二、视频号变现的潜在机会

流量是21世纪互联网时代产生出的重要资源，如果说工业时代的核心是石油等化石燃料，那么流量数据就是互联网时代的“石油”。如何让这些资源发挥价值，就需要把握一些潜在的机会。就像微博让一些博主获得了成功，微信公众号、哔哩哔哩、抖音、快手都是如此，每过几年都会有这样的新平台让一部分人走向人生巅峰。2020年，视频号可能就是摆在个体和企业面前的机会。短视频成为主流、微信生态支持、公域和私域流量两手抓是视频号的三个潜在机会点，如图5-5所示。

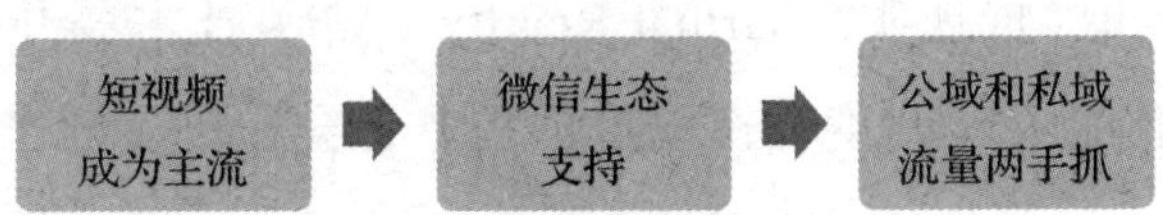

图5-5　视频号的潜在机会

1. 短视频成为主流

首先，因为短视频行业的日渐成熟，视频传播逐渐成为社会的主流信息传递方式。其次，视频号是腾讯的战略级产品。在微信11亿用户、直播、小程序、公众号和朋友圈的基础下，都表明了视频号有着巨大潜力。

事实上，对很多人来说，短视频已经成了他们生活的一部分。就像网络时代来临前的电视一样，人们对短视频的喜爱是不分年龄、不分场景的。根据极光大数据分析，截至2020年3月，短视频行业的月活跃用户超过8亿人。

短视频火爆的原因主要有以下三个。

（1）很多人都有表达自己的欲望，并且相对于文章等其他形式，短视频的创作门槛较低。在短视频平台上，每个人都能创作属于自己的作品，拥有自己的观众，做自己的主角。

（2）目前人们的生活节奏加快，在时间碎片化程度提高的趋势下，短视频成为人们最好的消遣方式。只需几分钟，短视频就能表达出一个完整有趣的故事，在碎片化时代里短小精悍的内容显然会更受欢迎。

（3）从文字到视频，不仅是人们对内容丰富度要求的提高，还有技术进步的深层原因。现在的手机就能够拍出高质量的视频，还可以通过 5G 网络上传，视频传播平台也越来越多，软件、硬件上的技术进步都在进一步推动着短视频的火爆。

综合以上因素，我们可以发现 2021 年短视频行业很有可能会有一次新的爆发。这次爆发将会围绕着 5G 网络、增强现实（Augmented Reality，AR）和虚拟现实（Virtual Reality，VR）技术展开，这些技术的进步所带来的网速、丰富度和沉浸度的提升，会让更多创作者加入短视频行业。

2. 微信生态支持

在短视频行业火爆的今天，对每一个争夺用户时间的互联网厂商来说，短视频行业是必争之地，腾讯怎么可能不入局呢。腾讯先上线了微视，然而由于入门太晚，生态建设不健全，微视没有达到预期目标。在这之后腾讯就推出了视频号，想要逆转在短视频行业的态势。

2020 年 1 月 22 日，视频号开始内测。“一个人人可以记录和创作的平台，也是一个了解他人、了解世界的窗口。”这是微信对视频号的描述。我们发现这个描述侧重于每个人都能参与，对微信本身巨大的用户数量来说，视频号确实有着巨大潜力。面对如此巨大的市场，视频号将会是未来微信的重点项目，这也体现在视频号的位置上，视频号的入口就在朋友圈下面，属于第一级入口，并且在推送样式上和朋友圈如出一辙，可以减少用户学习使用成本。以此可以看出微信对视频号的重视，在这样的宣传力度下，视频号的用户数量迟早会和微信达到同一量级。届时，结合微信上已经成熟的微信支付、商店、直播、公众号和朋友圈等功能，视频号变现的潜力才会完全释放。

3. 公域和私域流量两手抓

公域流量指的是在一定的公共范围内的流量，这些流量没有从属于个人，也就是相对公开的流量。而私域流量从属于个人，这类流量的特点是在反复使用时不会产生额外成本，如朋友圈、QQ 群等都属于私域流量的范畴。要注意的是，私域流量和公域流量中的“公”和“私”是具有相对性的。

抖音、快手的短视频推荐主要是通过算法进行流量分配。其主要运营过程是，将用户发布的短视频先推荐给少量感兴趣的其他用户，可能是数百人左右。之后，根据短视频的点赞、评论、转发数量决定是否进一步推荐给更多用户。这一方式主要是将公域流量引导至内容中，对用户本身的私域流量没有太多效果。而微信更加注重于私域流量，微信公众号需要微信社交链传播，用户发布的内容需要通过朋友圈、好友、群转发等方式进行传播。这样的方式主要利用了私域流量，内容只在一个小范围内传播，并不会推广到更大范围。视频号则将公域和私域流量都加以利用，用户发送的内容会在其社交圈中小范围传播，获得较好数据后，智能推荐算法会将视频推广到更大的范围内。这一方式的优势还体现在视频号多样化的传播方式中，通过用户的个人关注、社交推送、推荐系统和位置分享向其推送视频号中的短视频，如图 5-6 所示。

一是个人关注。用户关注过的视频号发布的短视频会被推送给用户，类似于今日头条的订阅制。

二是社交推送。视频号的主界面就是朋友发布的短视频，这就是视频号和抖音、快手等传统短视频平台最大的区别——社交关系链推荐机制。

这一机制的核心在于用户点赞过的视频会出现在自己好友的视频号推荐中，通过社交链不断传播。

三是推荐系统。系统会记录分享用户偏好的视频内容，在之后不断给用户推荐相似内容。这一机制中，视频号与其他 APP 最大的不同是会推荐那些不温不火的视频，即使没人点赞的视频也有被推广的机会。

四是位置分享。视频号还会将用户发布的视频推荐给附近可能感兴趣的人，这种方式可以大大提高视频号的推广效率。

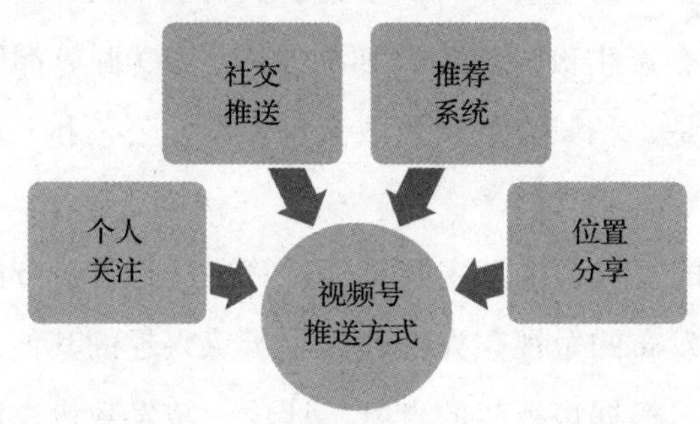

图 5-6 视频号的推送方式

总之，视频号的推送方式是公域流量推广和微信社交的私域流量推广的结合。这种推送机制意味着，一个视频号可以同时获得公域和私域两种流量，也就是说不止你的朋友能看到，朋友的朋友也能看到，随着社交链的延长，视频号会获得更多的私域流量。同时，短视频还可以通过推荐的方式推送给素昧平生的网友分享作品。在这样的方式下，只要精心运营视频号，通过好友私域流量的支持，相信可以很快获得很高的热度，最终顺利实现变现。

三、视频号变现的未来价值

“后互联网时代”这个词最近经常在媒体报道中出现，并且在互联网企业内部也逐渐将这一新概念纳入未来战略的制定中。“后互联网时代”

的主要特征为互联网新增用户数量减少，流量增长速度降低，互联网红利逐渐消退，如图 5-7 所示。

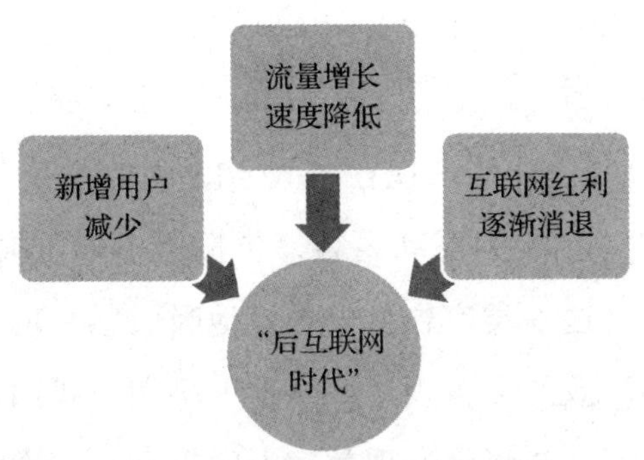

图 5-7 “后互联网时代”的主要特征

这一现象提醒我们，原先的互联网变现方式和运营管理模式已经不适应于当前环境。互联网的变现主要有两个方式。一是通过低成本大量招揽用户，利用用户量的快速增长来驱动变现盈利。而在前面提到的“后互联网时代”来临的背景下，这一方式显然是行不通的。二是通过提高变现效率，来维持利润的增长。采用这一模式意味着，在进行战略规划时，要将核心问题从如何促进用户增长转移到如何提高利润，即提高变现效率，优化变现方式，实行持续稳定的互联网变现。

在进入“后互联网时代”之前，资本对投资互联网项目的热情十分高涨，因为当时互联网行业市场广阔，红利明显。而目前，互联网增速放缓，红利减少，资本对投资互联网项目变得十分谨慎。商业化程度高，已经实现巨大收益并且资金情况良好的项目更能获得资本的青睐，或是未来市场巨大，有着很强的发展潜力的项目才能够获得投资。

总之，低成本获取大量流量的时代已经过去，未来的主题将会围绕着挖掘变现效率的方式进行。

变现首先需要解决一个问题：钱从哪里来？是自下而上从用户中来，还是自上而下从合作商中来。这就将变现分为了两类，用户付费和业务收入（主要为广告收入）。因为这两种方式存在较大差异，所以下文将会把两者区分开来进行分析，讨论在“后互联网时代”流量变现出现的新趋势。

1. 广告收入

2017 年，互动广告开始出现在各大 APP 及社交网站上。这种广告的创新之处在于将广告包装为互动内容，包括但不限于抽红包、领优惠券、小游戏等具体形式。这一类广告可以很好地吸引感兴趣的用户参与进内容中，从而实现精准高效的广告投送。从这一事例中我们可以看到，广告作为流量变现的主力军，在流量变现效率上的提升。这样的提升主要体现在精准性和高效性的提升上。精准高效的广告变现趋势体现在精准化、融合化、权益化三个方面，如图 5-8 所示。

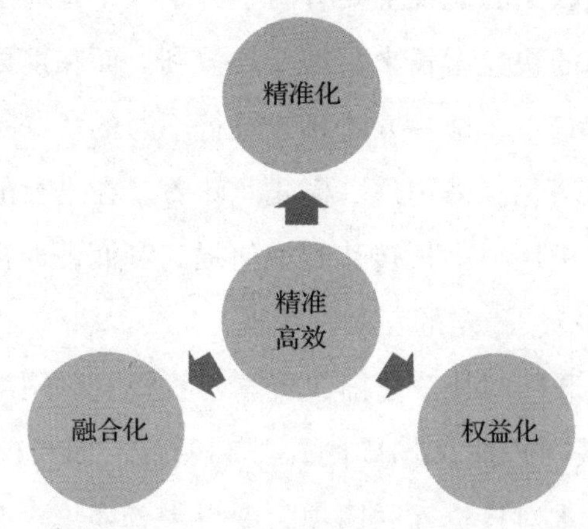

图 5-8　广告变现精准高效

（1）精准化。具体体现在广告商在选择广告投放渠道时，会参考渠道和自己目标用户的重合度，尽可能选择重合度高的渠道进行广告投放。而内容生产者也开始有针对性地根据粉丝喜好及广告内容设计广告投送方式，提高用户对广告内容的接受程度。

（2）融合化。其意思就是让广告和其他产品融合，上面提到的抽红包、领优惠券、小游戏等都是广告融合其他项目的产物。传统广告通常是对品牌和产品进行介绍，更有甚者循环播放洗脑，这类广告很难被用户直接接受。融合化广告最大的优势在于将广告的接受过程无感化，用户在使用其他内容时，不经意间就将广告内容一并接受。对广告来说，用户的接受程度是实现变现的重要前提。

（3）权益化。其指的是将权益作为赠品送给用户体验，降低用户体验门槛。“酒香也怕巷子深”，好的产品不让用户体验，用户自然也就不会选择。这样的体验其实就类似于沃尔玛提供的食品试吃一样，目的在于让用户体验到产品和服务后，再进行用户留存与转化。例如，腾讯视频的会员7天体验卡，美团的外卖红包，滴滴打车的优惠都是这种方式。

2. 用户付费

目前，这个方式的主要趋势是改变盈利方式，即不断拓展变现场景和方法。要学会在原有旧的产品上发掘出新的用户需求，通过新的需求去带动新的消费场景和消费方式的开发。解决了钱从哪里来的问题，我们在选择商业模式时就能够更准确地把握大方向。不过，在“后互联网时代”，流量变现还有主题垂直化和个性化、消费场景化、变现直接化三个新特征，如图5-9所示。

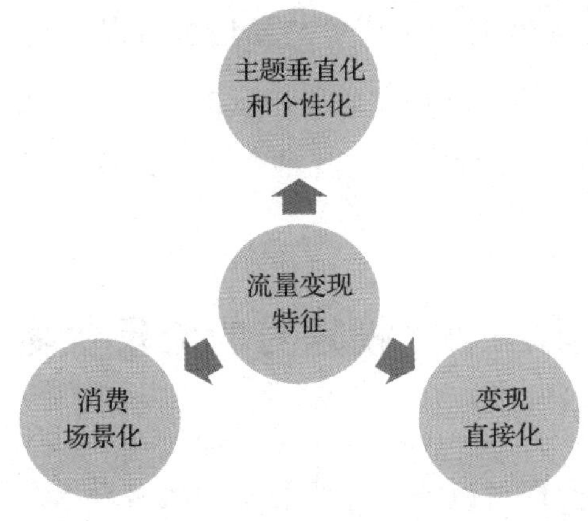

图5-9　流量变现特征

（1）主题垂直化和个性化。正因为获取流量的成本越来越高，用户体验才变得越来越重要，想要让用户付费，就必须有让用户感觉有价值的产品和服务。这也就意味着不论是通过流量变现还是内容变现，都必须垂直化和个性化。垂直化就是深挖某一专业领域，充分满足有需求的用户。个性化就是适应不同用户群体的需求，关注个体的价值。垂直化和个性化的变现主体能增强用户的黏性，也能增加更多的变现渠道。

（2）消费场景化。移动互联网的高度发达让人们可以无缝连接到互联场景中，并借助各种终端随时随地地消费。过去，我们的消费地点相对固定，不是商场就是超市，但是现在消费已经变得场景化了，而场景又是时间、空间、地点、情绪、社交关系的集合。所以，我们要利用大数据，并结合场景为用户提供精准的内容和服务，才能最大限度地提升变现效率。

（3）变现直接化。移动支付技术的发展让变现越来越直接化，用户看到喜欢的商品和服务后，可以直接购买，而且各大平台和APP也利用移动支付的便利开通了各种直接变现服务。例如，抖音的商品橱窗和购物车功能，让用户可以边看边买。

总之，在“后互联网时代”，流量变现有了新趋势和新特征，如果我们想要让自己的变现之路走得更顺利，就要对新特征和新趋势多加留意。回到本书的主题视频号上，视频号的变现也可以分为内容变现和流量变现。在这两者之外还有一种复合变现，这种方式是将内容和流量结合，通过多种方式实现变现。下面将针对几种变现方式进行探讨。

第二节　视频号的流量变现

视频号的流量变现可以分为广告收益、服务获客、知识付费、项目招商、销售带货和企业展示。广告收益就是指广告商在你的视频号中投广告，并且给予一定的广告费。服务获客就是指在视频号中提供一些服务，这些服务主要是流量引导服务。知识付费顾名思义就是通过知识内容获得盈利。项目招商则是通过视频号进行项目介绍，利用流量吸引投资人。销售带货是指通过视频号进行商品的销售。企业展示则是通过视频号对某一企业进行介绍，与广告不同之处在于主题是围绕企业而非产品。下面将分别对这几种变现方式进行讲解。

一、广告收益

在短视频流量变现中，最常见的就是广告收益。广告可以分为植入广告、接单广告、冠名广告三种类型，如图 5-10 所示。

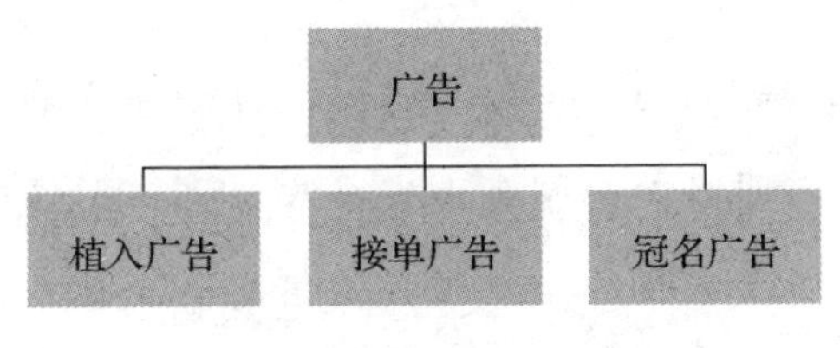

图 5-10　广告的类型

（1）植入广告。其就是将产品在不影响短视频完整性的情况下加以展示，以此起到广告作用。这一类型广告在植入时需要注意广告与短视频之间的联系，尽可能减少生硬感，并且保证去除植入广告后，短视频仍是一个完整个体。

（2）接单广告，主要是指平台对广告主的广告订单进行分配，安排合适的视频创作者结合产品情况，进行命题视频创作，这一领域目前有快手的快接单，抖音的星图广告等。这一方式的优点在于很好地平衡了广告和短视频内容的结合，一方面展现了产品特性，另一方面保证了视频特色，能够起到出色的广告效果。

（3）冠名广告。在短视频领域，冠名广告更多是品牌商与短视频平台合作，然后由平台邀请具有影响力的某个或多个领域的创作者进行付费创作，目的就是吸引平台上更多的创作者加入。冠名广告的参与，往往是以某个品牌对外传递的宣传语作为创作内容，相比于接单广告，创作的灵活度更大，要求也相对较低，只要符合冠名广告的基本要求就可以通过，并不会给自身的内容定位造成影响。

总之，随着互联网技术的成熟，尤其是5G时代的到来，短视频的广告模式还会推出更多新的商业模式。不过，对创作者而言，不管选择哪一种商业模式，一定要找到能带给自己利益最大化且持续不断发展的商业模式，这才是通过内容变现最重要的一点。

 **专栏 5-1**

能做“朋友”的音响

小豹AI音响由猎豹移动推出，是一款AI智能音响。产品的开发公司猎豹移动，原名金山网络，是原金山安全和原可牛影像公司合并成立的公司，不仅拥有金山迭代多年的行业领先的信息安全技术，还有可牛影像的互联网思维商业模式。企业目标是为全球的移动互联网用户提供更快速、更易用、更安全的移动互联网体验。

家中有一台AI智能音响，对提高生活品质感和精致度具有重大意义。AI音响不仅能播放音乐，还能提醒你接下来要做什么，甚至是一个不错的聊天对象。小豹AI音响就是这样一款产品，在产品质量得到保证的情况下，就需要进行广告促销了。作为新型科技产品，受众以年轻群体为主，所以短视频平台成了最好的宣传渠道。

猎豹AI音响最终选择在京东和天猫两大互联网电商平台销售，销售渠道也符合年轻群体的偏好。在发售前的曝光环节上，为了提升产品关注度，猎豹移动选择了通过短视频KOL进行宣发。不同的KOL围绕着不同的产品卖点，包括音质、AI、音频资源和价格等，进行了有针对性的广告制作。目标用户则设定为重视娱乐功能的年轻人，这些用户习惯在家中使用音响进行娱乐活动。通过这种方式，小豹 AI 音响很快通过母婴频道、搞笑频道、游戏频道和情感频道等宣传给了大量的潜在用户。

例如，丢丢 Miami 将小豹 AI 音响的使用场景设定为家庭日常生活，利用小豹 AI 音响营造出了温馨的家庭氛围，表现出了产品对家庭环境的作用；周玥则另辟蹊径，将小豹 AI 音响用于解决情侣异地恋不能相见的情况，使音响成了联系情侣的情感纽带；王耀辰通过小豹 AI 音响哄女朋友；王圣锋用小豹 AI 音响解决单身人群无人聊天的情况，塑造了产品的科技人文关怀形象。

这 4 个视频所设计的场景都是用户在日常生活中可能出现的情景，并且在各个场景所展示出来的卖点都恰到好处，可以很好地激发用户的购买欲望。在正式上市前，先用短视频广告进行宣传造势，将流量引导至产品。根据数据统计，小豹 AI 音响的宣传视频在多个平台的总传播量达到了 9989.7 万次，表明广告的效果十分好。在京东开售的前 10 分钟内，销售数就达到了 5000 台。

短视频作为一个广告载体，有着多种多样的广告推广方式。在用户对广告要求越来越高的今天，高品质的广告显得越发的重要。视频号有着丰富的内容量，并且传播方式简单，是很好的广告载体，视频号在未来可以采用此种变现方式。

二、服务获客

服务获客主要是指第三方通过视频号进行流量引导，帮助商家获得更多的客流量。这一种变现方式最具代表性的就是今日头条旗下的番茄小说，其在 2019 年通过短视频平台对各类小说进行短视频化的改编，以此吸引更多的用户下载番茄小说 APP。而在这个过程中，作为流量引导平台的短视频平台或者视频号就可以按照本身所具有的粉丝数量、短视频点击量和播放量来获得相应的佣金。

和广告不同，服务获客并不会宣发产品，而是为商家提供流量入口，通过直接计算引导过去的流量计算佣金，可以说是最直接的流量变现手段。

三、知识付费

通过互联网，人们获取知识的方式得到了很大的拓展，通过互联网查询资料变得十分方便。而移动互联网的出现使得用户的每一个细小的需求都能够得到满足，我们所需要的信息可以随时随地的被满足。除了作为娱乐工具外，短视频还可以作为信息载体用来承载知识，短视频比文字更有吸引力和效率。在短视频中，创作者需要向外界传递观点，一旦短视频被认为是有价值的，那么就可以进行知识付费变现。知识付费的成立其实还源自互联网普及所导致的边际成本降低，用户可以更加轻松自由地获取他们想要的知识。

如今，人们正在逐渐养成为优质互联网内容付费的习惯，内容付费市场的潜力巨大。与长视频和音频相比，短视频内容付费具有时长更短、信息承载量更丰富的特点，成为内容付费市场的重要构成部分。短视频内容付费的本质是让用户花钱购买特定的短视频内容，因此要想让用户付费，短视频内容必须有价值且具有排他性，尽量为用户提供在其他平台上看不到的独家内容。

综合来看，短视频知识付费模式具有广阔的发展前景。目前，短视频通过知识付费进行变现的方法主要是销售专业知识。对用户来说，知识的专业性越强，其价值就越大，越值得用户付费观看。专业知识要想迅速吸引用户付费，需要具备以下两个特征。

一是关联性。并非所有与专业有关联的知识都可以卖给用户，只有这些专业知识与用户的生活和工作紧密相关，可以帮助其获得知识或技能等方面的提升，才能吸引用户。例如，在网易公开课中除了免费课程以外，还上线了诸多付费课程为用户讲解各种专业知识，这些知识大多与用户的生活和工作密切相关。

二是稀缺性。稀缺性意味着强大的竞争力，现在网络资源十分丰富，如果短视频中的专业知识随处可见，自然就无法吸引用户付费。因此，短视频中的专业知识一定要有稀缺性，既专业又稀缺的知识对用户的吸引力更强，用户付费的概率会更高。

短视频创作者可以聚焦某一领域，在该领域持续地输出优质内容，吸引对该领域感兴趣的用户。销售垂直细分领域知识，就是以细分的深度吸引相对小众的用户群体付费观看，短视频知识越垂直细分，就越能吸引某一用户群体付费购买。要想做好垂直细分类短视频的知识变现，先要找到核心目标用户，再通过可以直击用户痛点的知识点吸引其关注，并用符合其特质的内容和社区氛围增强用户黏性，从而实现短视频变现。在销售垂直细分领域知识时，我们可以从以下四个切入点入手，如图 5-11 所示。

（1）服务某类目标人群，如教育内容以学生为目标人群，美妆内容以年轻女性为目标人群，育儿知识以“辣妈”为目标人群等。

（2）深入挖掘某类主题类型，如金融、旅游、餐饮、管理等，吸引对该主题感兴趣的用户。

（3）聚焦某类应用场景，如急救知识、恋爱技巧、谈判心理等，这类知识可以帮助用户在某类场景中应对自如。

（4）以某类社交实用知识为内容，只要短视频的内容对用户的社交活动有所帮助，如问答、辩论、约会、唱歌、舞蹈、礼仪等，用户就会付费观看。

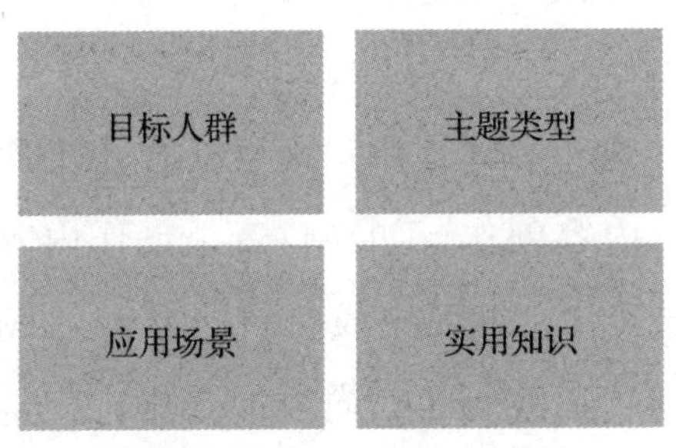

图 5-11　知识付费细分领域

四、项目招商

项目招商是指视频号通过接受项目方的委托，利用账号的流量进行项目招商，并且获得报酬。和广告不同，这一方式并不涉及商品推广，而是对项目进行介绍，吸引有意的投资人。在进行视频号项目招商时，需要特别注意项目的真实性、可靠性，如果因为你推广出去的项目导致粉丝受到损失，那么很容易失去苦心经营得到的口碑。

在视频号中进行项目招商的好处在于，你的视频号会随着你的社交链进行传递，投资人和项目人本身是由社交链连接的。相当于存在中间人作为信用担保一样，在整个投资的过程都有见证人的情况下，达成投资的可能性远远高于其他方式的项目招商。

五、销售带货

如今，在各个短视频平台上电商变现的模式都是在线上以电子交易的形式展开，如各个短视频平台与淘宝、京东电商平台合作，为其导流产生购买行为后的利益分配。同时，短视频平台也都开通了自己的电商店铺，如快手小黄车、抖音购物车等，帮助创作者通过多种功能化的产品模块实现收益的最大化。对快手而言，因为先天具有社区属性，用户与创作者之间的信任更加牢固，电商变现成为自身最大的优势。例如，罗永浩于 2020 年 4 月在抖音首次直播带货，销售额突破 1.1 亿元，创下纪录。

“短视频 + 电商变现”模式让用户既可以通过直播销售账号内的商品，也可以围绕商品进行内容创作，如在抖音上创作内容后可以连接相关产品，实现流量的精准转化，继而完成商品的销售。可以说，“短视频 + 电商变现”模式的出现真正践行了“内容即广告，广告即内容”的创作真谛，让原本泾渭分明的两者如今实现了统一。

六、企业展示

品牌广告是指以品牌为中心，为品牌和企业量身定做的专属广告。广告商依据不同品牌的风格与不同的传播目的，有针对性地制订专业的传播策略，充分利用短视频的平台优势，定制个性化的原生广告，将品牌信息嵌入优质的原创内容中，表达企业的品牌文化和理念，消除用户对广告的芥蒂。这种广告变现更高效，针对性更强，受众的指向性也更明确，但制作费用较高。

在品牌广告短视频中，主要有以下六种提升品牌力的方式，如图 5-12 所示。

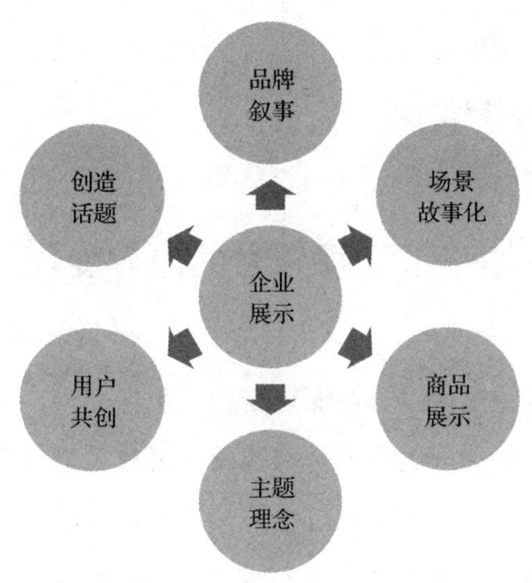

图 5-12 企业展示的方式

（1）品牌叙事。品牌创始人可以叙述自己的创业故事，讲述创业过程、创业理念，可以更轻松地引发用户的共鸣，使其对创始人产生好感，从而对创始人所创立和拥有的品牌产生更大的兴趣。

（2）场景故事化。创作者可以将品牌化为一个元素或者一种价值主张，融入一个富有感染力的故事中，通过再现日常场景在短视频中营造出巨大的代入感，从而吸引用户的注意力，打动他们，转变其消费观念。

（3）商品展示。创作者可以展示商品的制作过程、使用技巧和相关创意，从而在用户的脑海中留下深刻的印象。

（4）主题理念。创作者可以将品牌理念融入视频主题中，并贯穿始终，向用户展示商品信息。

（5）用户共创。让用户参与到短视频的创作中，更好地通过真实人物、真实故事来表达真实情感。这种短视频与用户有着高度的关联性，会让用户产生心灵上的震撼。

（6）创造话题。要想让品牌广告产生巨大的冲击力，就要找到能够引爆用户群体的社交话题，搜集用户群体切实关心的问题，然后借助短视频的丰富表达力给予解答。

实际上流量变现不只是这六种方式，但这六种可以作为代表，可以作为基础去演化出更多样化的变现方式。

第三节　视频号的内容变现

视频号的内容变现可以分为课程变现、服务变现、社群变现和打赏变现。课程变现就是将课程制作为付费视频，通过视频号进行销售。服务变现指的是将标准化的服务产品通过视频号进行销售和推广。社群变现则是在社群内，通过视频号帮助周边的人解决问题。打赏变现是指通过有趣的视频吸引用户进行打赏，打赏的收益作为变现收益。

一、课程变现

课程变现就是创作者将短视频中对外传递的知识以系列课程的形式集结一起对外出售，让用户收获价值。课程变现适用于各个领域的知识创作者，只要有用户认可自身的价值，那么就可以通过创作系列课程的形式进行商业变现。

例如，在快手平台上，有来自大山深处传递如何学习 Excel 表格的女孩，通过创作相关的课程每个月的收入能达到 6 位数；同样，在抖音平台上有传授照片拍摄技巧的创作者，通过创作具体的技巧课程销量也突破 10000 单；哔哩哔哩上的知识付费视频早已成了平台的盈利点之一，也是创作者的主要收入来源。请注意，当创作者选择采用“短视频＋课程”变现时，要围绕用户遇到的难点、痛点，给予真正的解决方案，或者帮助用户获得某种能力，改善自我。

 **专栏 5-2**

得到 APP：让用户心甘情愿掏钱

2012 年年末，罗辑思维诞生，其以微信公众号和各视频平台为载体进行传播，主打粉丝经济。在得到 APP 推出之前，罗辑思维已积累了大量忠实粉丝和较强的产品势能。几年后，罗辑思维团队推出了得到 APP，主打终生学习理念，向大众“洗脑”知识获取方式的革命。从原先的大段时间一次性学习，到现在的碎片化时间终生学习。在这个飞速发展的时代，人们知识增量的重要性慢慢大于知识存量，如同互联网产品一样，人们的知识也需要快速迭代，且终生迭代，唯有这样才能追赶上时代的步伐。在“洗脑”过后，罗辑思维正式入驻得到 APP，将稳定的社群组织引流过来，据称当天订阅总数达 1 万次，总额达 200 万元。

得到 APP 在 2016 年 6 月 2 日的版本迭代中首次加入了付费订阅业务，标志了知识付费模式的开启。得到 APP 在创立初期，凭借罗辑思维的引流，吸引了一批用户入驻，当时没有立即推出付费模式，一是得到 APP 在知识付费模式上还在摸索，二是还未降低用户入驻门槛。在知识付费元年，由于前期的付费阅读和打赏模式对用户的渗透，使用户知识付费的认知逐步培养起来，加上移动支付的普及，房价上涨导致的竞争力危机，让知识付费模式在这一年爆发。值乎、分答、喜马拉雅FM、知乎LIVE等知识付费平台迎来井喷式发展，内容型平台都开始接入知识付费模块。得到APP算是在最适合的时机进入了这个市场，并以优质内容打造了强力IP，以精品、严格筛选营造了良好的用户口碑。

2016年12月6日，得到APP的V2.5版本开放了社区功能“学习小组”，每个小组相当于一个社群，目前由得到APP官方进行维护，聚集了一批相同爱好的用户。同一社群内的用户往往拥有着共同的情感倾向，用户在这里发表自己对共同话题的观点，一般话题都是针对得到APP内某一内容而展开的。学习小组的开放有效地提高了用户活跃度与用户黏性，不再是把得到APP当作工具类产品听完即走。而用户们产生的原创内容也使得到APP不断迭代和优化内容质量。

2017年8月31日，得到APP推出了每天听本书VIP服务，用户一次性付费365元可获得一年的免费听书权限。得到APP的“听书”服务由6名专业人士经过5道工序，平均用203小时严格打磨，将每本精选书籍提炼核心要素，转化为一段几十分钟的音频，并且这一团队还在不断扩大，并邀请书籍作者入驻。这一功能现在也是得到APP区别于其他知识付费类平台或听书平台的主要功能点，并作为主要入口存在于首页。会员制的设定使得到APP拥有了一批稳定的用户群体，且是愿意知识付费的群体，而听书VIP与专栏订阅的不互通也使得到APP可以在稳定的会员群体中持续获利。

此后，得到APP在迭代上不断优化内容及内容分类，力求提供更多维度的知识资源以面向不同的用户群体。未来，得到APP将会开始进行市场下沉，覆盖更广的用户面，但不会改变其优质知识资源的强IP属性。

得到APP的核心罗辑思维最早通过微信公众号及视频的方式传播，在具有一定流量基础后，才推出了得到APP，并且最开始的得到APP并没有付费项目。随后，互联网知识时代的到来让得到APP通过付费的方式成功变现。而在流量瓶颈到来后，得到APP通过产品服务升级，提升了用户黏性。同时，“学习小组”的建立让得到APP形成一个良性的知识付费生态，在这个生态内不断运营。

二、服务变现

视频号上还可以通过提供服务来达到变现的目的，这种方法和课程变现有相似之处，都是通过帮助用户解决问题实现变现。但两者最大的不同在于，课程是面向大众的，而服务则更加私人化、定制化，并且类型更加丰富。例如，在视频号中提供专业课程的同时还可以提供封面设计、心理咨询、法律咨询等服务项目。这些服务需要和传统服务行业紧密连接，所以视频号可以和相关机构合作，作为其网上推广渠道，并从中实现变现。例如，婚纱摄影、旅游定制等。

专栏5-3

我答答：超级云分销

2020年微信推出视频号，让微信从私域流量玩法大步向公域流量玩法迈进，其强大的点赞裂变能力，使个人跟企业都有机会成为头部大号。视频号同时开放了“短视频＋直播＋微信小商店”的模式，视频号是用户创作内容，吸粉引流的主战场，微信小商店则是视频号完成商业闭环的交易载体，视频号直播跟小商店的无缝融合意味着一个微信新电商时代的全面到来，12亿微信用户人人都可以带货，这对企业来说将拥有无限的商机。

福建省我答答信息科技有限公司（以下简称我答答）在全国率先完成基于微信生态的一套视频号云分销平台的开发，于2020年12月26日正式面世。该系统无缝打通微信小商店，一键上架商品，一键同步订单，告别复杂的手工模式，便捷高效。除此之外，超级云分销系统还拥有强大的分销商裂变及合伙人模式，让企业可以在短时间内找到大量的分销商为其带货。

1. 公司简介

我答答是一家专注移动互联网领域软件系统研发和应用服务的科技类综合型公司，团队前身拥有10年ERP开发管理经验，拥有一支兼具新商业模式策划及互联网平台系统开发经验为一体的高效团队。我答答于2014年2月28日在我国率先发布一套三级分销系统，2017年发布一套买手集合店众筹实时分润系统，2018年发布一套去中心化分布式动态分销系统，2020年12月发布了一套基于视频号的云分销系统。其服务企业有百丽、恒安、七匹狼、特步、波司登、长安汽车、正大集团、石狮农商行等企业。

2. 打造品牌连锁门店视频号新零售模式

琦瑞德泽品牌母公司万顺服饰始创于1999年，是一家集研发设计和品牌运营为一体的服装企业。自2015年年底成立推出注册品牌“琦瑞德泽（QIRUI & DEZE)”以来，品牌影响力度不断提升；现已拥有超2万平方米的现代化标准厂房，500余名专业缝纫技工，年产超800万件时尚童装的生产能力。品牌销售网络现已覆盖全国所有省级分公司，超1600家加盟专卖店，产品深受广大80后、90后爸妈及小朋友们的喜爱。

2021年1月3日，与我答答正式达成深度合作，共同打造琦瑞德泽聚创3.0新零售模式。通过调研，琦瑞德泽目前的门店中，80%以上的门店有会员系统，基本门店会员在1000～5000人，公司已经组织了4届全国儿童超模大赛，门店跟会员之间保持了比较强的黏性，很多会员在平时也都会主动给门店介绍客户。基于此情况，总部制订了依托全国1600家加盟门店，以分公司为节点，以门店为核心，以导购员为抓手，充分利用“视频号＋微信小店”的轻创业模式，通过门店招募轻创业者，把门店的重点会员发展成创客。2021年，预计在全中国带出一支14万人的轻创业团队，平台用一套公平科学的利益分配体系及晋升机制让所有创业者都拥有成为平台股东的机会，最大限度地提高所有人的积极性，共同打造共创、共建、共享、共赢的聚创3.0新零售平台。

3. 助力服装企业营销模式升级

省省八·森活（以下简称省省八）位于上海，公司前身为德升集团，在服装领域具有强大的供应链整合能力，并拥有一支几万人的核心创客团队，“视频号＋微信小商店”轻创业模式的出现，使省省八迎来了新一轮的发展机会。

我答答助力省省八对原有的商业模式做了一次革新，将平台原有的多级分销模式去掉，产品的价格体系做了一次重塑，使平台的产品真正做到超高的性价比，回归以产品为核心的商业模式。同时，导入了文案、短视频内容生产、主播培训输出等一站式服务，实现了平台赋能。“视频号＋微信小商店”的创新模式，帮助省省八搭建新零售平台无缝链接视频号小商店，创客在平台选品后可以一键同步到自己的小店，高效便捷，销售后一键生成采购单，实现商品、订单的高效流转，系统强大的模式能力让省省八把原来的核心团队变成平台的合伙人，充分利用视频号的创业风口，快速裂变创客。

4. 极致爆品背后的有力支撑

BG作为国内羽绒单品品牌的后起之秀，一直致力于极致单品的打造，2020年在市场低迷的环境下，交出了100万件的成绩单，公司团队年轻朝气，极具互联网思维，将所有的产品图片化、视频化。

在视频号风口的到来之际，BG公司敏锐洞察到其中巨大的商机，快速与我答答达成合作，构建一个以爆品思维为战略的指导思想，实现单品类产品的极致宽度，充分发挥公司强大的供应链优势，为创业者提供最好的产品，以及最好的内容，让所有的分销商都可以依托平台实现快速的一键上架、一键同步订单能力。公司对标加拿大鹅、波司登等一线羽绒品牌，研发质优价廉的产品，并且开发的款式近千款，通过10%的爆款带动90%的基本款销售，也就是上面说到的单品类产品的极致宽度。公司将所有的产品视频化，不断地通过视频号进行曝光传播，将产品信息覆盖百万家门店，打造中国羽绒服领域知名、大型的网批平台。

三、社群变现

社群变现就是将创作者的目标受众用户从短视频平台导流到私域社交工具上，如微信、QQ，以建群的方式帮助用户解决需求。这种方式可以通过社群付费咨询、付费课程、付费具体技巧等模式实现。

付费咨询就是将用户导流到私域社交平台后，以月费或年费的方式为用户解答问题、提供具体的解决方案，并规定每个月咨询的次数、时长等。

付费课程是面对私域平台上的付费用户进行有针对性的课程打造，以较低的价格售卖给付费用户。这利用了互联网边际成本低的特性，让更多的用户可以以最低的价格享受更优质的知识服务，创作者的收益也会水涨船高。

付费具体技巧是针对用户需要学习的某一项技能、方法、诀窍，创作者专门录制视频进行销售。这种技巧没有时效性、局限性，只要有新用户进入社群，就可以进行持续不断地售卖。视频号的出现让每个具备自身优势的创作者都可以通过多种知识形式实现人生价值，收获财富。短视频知识的变现，还能通过线下付费讲座、一对一见面咨询等方式实现，只要可以真正向用户提供有价值的知识、见解，彼此的信任就会产生，商业模式就会诞生。

四、打赏变现

目前，短视频行业仍然在探索中成长，短视频的创作者们也在做着两方面的尝试，一是从内容方向突围，持续提升短视频的制作水平；二是在变现模式上不断创新，拓展更多的变现模式。

对整个短视频行业来说，内容付费势在必行，但是如何实现内容付费则是摆在从业者面前的一大难题。用户凭什么要为短视频埋单？短视频付费的形式有哪些？创作者与平台怎样分成？

要解答这些问题，我们首先要弄清楚用户凭什么要为短视频埋单，换句话说，就是什么样的短视频值得用户付费。想要用户为短视频掏腰包并不是一件容易的事情，因为短视频的信息量远不如长视频，而且绝大部分短视频都是免费的，用户为什么要花这个钱呢？如果想让用户乖乖掏钱，短视频必须具备以下两个特点，如图 5-13 所示。

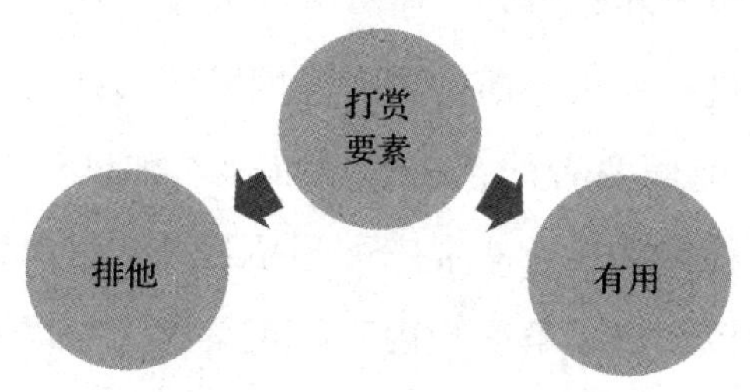

图 5-13　视频打赏要素

1. 排他

具有排他性的内容，是指那些独家或者有版权的内容。在长视频平台和音乐平台的版权大战中，人们逐渐意识到了版权的重要性，当短视频也有了版权，人们是愿意为优质内容付费的。

2. 有用

有用，是当今时代下群体性焦虑的最佳解药，资讯的爆炸让人们陷入了知识焦虑的漩涡，不管是为了增加谈资，还是为了提升知识技能，人们都愿意为内容付费。因为，付费是筛选优质内容的第一道门槛，人们可以通过付费节约自己的注意力成本和时间成本。最重要的是，在完成付费的一刹那，人们会获得一种满足感。用消费缓解焦虑是当代社会的最真实写照，也是拉动经济的永恒动力。

总之，相比长视频动辄半个小时以上的时长，短视频更加灵活和碎片化，只需要占用不多的时间就能看完。而且，短视频比音频、图文更加生动，承载的信息量也更加丰富。所以，短视频将会成为内容付费行业的重要组成部分。

第四节　视频号的复合变现

视频号变现除内容和流量外，还有一种复合变现。这种大类将不再围绕着某一具体概念进行变现，而是将多种因素考虑在内实现变现。复合变现的类型是要多于前面两者的，在这里选择六种进行讨论，包括直播带货、网红探店、好物植入、游戏推广、产品测评、引流到店。从这六种变现的名字中，就可以大概了解变现内容。正是因为考虑要素的增加，复合变现一般都是已经相当成熟的变现方式，视频号只是一种工具和渠道。在向视频号迁移的过程中，变现的方式方法就需要转变。

一、直播带货

如今，通过秒杀、满减、买赠和限时折扣等促销活动在电商平台上获取流量的方式越来越难以取胜，内容电商已经成为新的流量入口和未来的发展趋势。

内容电商是指将有需求价值的内容通过品牌主、电商平台及各种资源整合后进行传播，精准地触达目标用户，从而实现购买转化。简单地说，内容电商的核心不是直接卖货，而是通过优质内容进行“种草”，即分享或推荐某一商品的优秀品质，以激发他人的购买欲望，引发用户的需求，从而刺激用户产生购买行为。

要想通过直播刺激用户，无非就两方面，一个是主播，另一个就是商品。主播也就是视频号主体一旦选中是不能随意改动的，但是我们可以通过质优的选品来打动和吸引用户。带货选品要点包括大数据、用户需求、价格区间、验货群、返利平台，如图 5-14 所示。

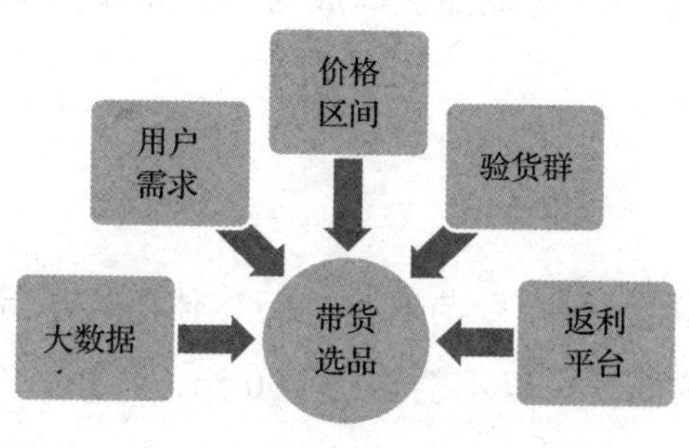

图 5-14　带货选品要点

1. 运用大数据选品

例如，抖音等会使用一些比较知名的数据平台，如卡思数据、飞瓜数据等，查看抖音平台上的电商视频数据，了解销量大或呈上升趋势的商品数据后，即可选择适合自己并容易推广的商品。抖音等也可以查看其平台的“人气好物榜”，将其作为选品参考。“人气好物榜”呈现的是当天抖音平台上热销的商品，每天中午 12 时更新。另外，抖音等还可以在各大电商平台上搜索与自己垂直领域相关的高销量商品，以此为参考进行选品。

2. 根据用户需求选品

不管是发布短视频还是选品，都要符合用户需求，提供其所需要的价值，这是十分有效的方法。抓住用户痛点的商品不但有很高的转化率，而且利润空间也较大。例如，自拍杆手机壳，在充当手机壳的同时还可以变形为自拍杆；又如多功能切菜器，用户使用它切菜时就不用害怕不小心伤到手。这些商品都抓住了用户在日常生活中的痛点，能够让用户在使用后享受到便利。抖音平台的主流用户是90后和00后，他们喜欢在抖音上彰显自我，喜欢潮流、酷炫、有创意、好玩的事物，所以像吸尘器、家具等商品在抖音上一般不会成为爆款，因为它们的目标对象不是年轻人；而像情侣手模、手表遥控车等商品能够成为抖音爆款，就是因为它们具有新奇、有趣的特点。

3. 价格区间

抖音平台更适合“种草”与衣食住行、休闲娱乐等紧密相关的商品，这些商品的单价较低，一般不会超过100元，在用户领取优惠券后有的价格甚至低于50元。人们使用抖音大多是为了娱乐消遣，很少有人专门购物，所以在短视频内容电商模式下，抖音用户的消费大多属于感官刺激下的冲动型消费，较低的单价可以使其更快地做出购买决策。即使短视频的内容再好，与商品再搭配，如果单价太高，用户就很有可能失去购买的兴趣。

4. 加入验货群

很多店铺为了推出爆款商品，会专门建立验货群。在推广某种商品之前，他们会给群内的用户提供免费的样品，供用户进行体验，然后获得其使用反馈。使用反馈一般以图片或视频为展现形式，这也为主播带货提供了素材。现在有很多店铺专门通过抖音进行推广获取流量和用户，可以让用户通过抖音关注这些店铺销量靠前的几款商品，从中选择适合自己的一个或几个品种。

5. 利用返利平台

像抖音可以利用返利平台，如选单网、淘宝联盟、大淘客等，选择与自己领域相同的分类，查看这一类型商品的销量排行。一般来说，销量大的商品是抖音经常推荐的，首先证明其供货能力基本没有问题，其次说明其他主播都在大力推广，且推广的效果不错。这时，抖音不必过于考虑商品的品牌，由于这些商品的价格便宜、销量大，用户的购买倾向很强，从中选择适合自己的商品进行推广即可。

二、网红探店

在短视频领域，网红就是最好的流量磁铁，利用网红进店体验将网红和视频号所拥有的流量引导至合作店铺，这就是网红探店。网红探店的特点在于它的商业模式，一般情况下，探店类内容创作者希望通过短视频为观众展示商品和服务，为店铺引流曝光，增加店铺的营业额，其变现收入主要是商家的广告营销费用。目前的网红探店主要是美食类型，并且出现了内容同质化、推广方式粗糙、内容质量不高三个问题，如图 5-15 所示。

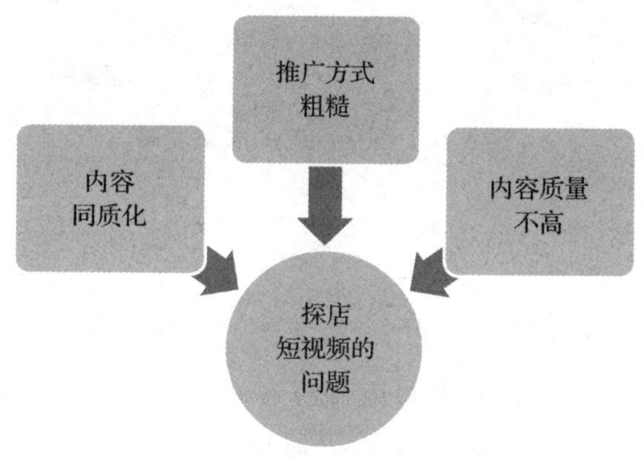

图 5-15　探店短视频遭遇的问题

一是内容同质化。目前的探店短视频风格大同小异，出现了严重的同质化现象。在短视频时代，没有差异化就意味着没有竞争优势，也就起不到引导流量的作用。

二是推广方式粗糙。在探店短视频中，普遍存在植入过于生硬的问题。这就导致探店短视频和普通广告效果差不多，无法达到引流效果。

三是内容质量不高。由于探店短视频的性质决定，探店短视频的产出速度快，每期内容同质化高，没有进行迭代优化，最终结果就是探店短视频很难发展下去。

想要解决这些问题可以通过提高质量、打造品牌、拓展类型三个方法解决，如图 5-16 所示。

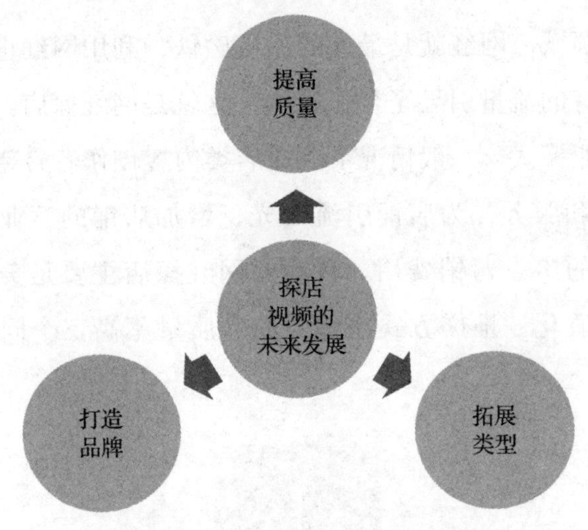

图 5-16 探店视频的未来发展

1. 提高质量

探店短视频制作难度相较于其他短视频难度并不大，这也让很多创作者试图在这一领域变现，导致目前探店短视频的内容质量参差不齐。所以在这时，如果能够做出在内容上具有质量，而非一味打广告的探店视频，那么很自然就会受到用户的青睐。作为内容创作者，需要用心对待自己的作品，作品的用心程度能够被用户互动数据直接反映。同时，探店短视频本身也需要观赏性和创意性。短视频目前正在成为大众娱乐休闲的消费品，用户消费的是什么，主要是视频中的创意和乐趣。所以，即使是有着明确商业目的的探店视频，也要做出一定的新鲜感，包括原创精彩脚本，精致的后期制作等各个小环节都是可以发力的方向。只有好的视频才能吸引到更多用户，才能从激烈的同行竞争中脱颖而出。

2. 打造品牌

在探店视频中要做出新意，最好的办法就是通过人，也就是探店网红来打造，包括外貌、台词、声音、性格等各方面要素都是可以作为提升辨识度的关键点来进行打造。这种方式不可能一次就能完成，需要不断地去试探用户反应并修正，最终做出自己的特点，培养出固定用户。

3. 拓展类型

将题材拓展为衣食住行等各种生活服务，这些都是可以做探店类视频的。目前，这些类型的视频数量还较少，还属于短视频领域的蓝海，视频创作者可以试着从这个方向进行市场拓展。

三、好物植入

好物植入这种变现方式类似于植入广告，和广告不同的地方在于，好物推荐更加柔和。这个柔和体现在推荐的方式中，传统广告因为用户可能不对这一类型商品感兴趣，所以会让用户产生排斥心理。而好物推荐则需要选择合适的视频号，确保该视频号的主要观众是该产品的目标用户，并且需要自己进行使用，再由短视频的形式进行推荐，效果就会比传统广告更好。

例如，哔哩哔哩的UP主“泰哥是只小暖猫”，她的视频时长大多在3～4分钟，也可归入短视频中。视频内容主要围绕小猫泰哥日常，其中穿插一些猫窝、猫粮、猫罐头的好物植入广告，粉丝可以直接看到UP主自己使用并有着不错的效果，达到良好的宣传推广效果。使用这种方式要注意好物和用户的对应关系，如果UP主发布了和其本身的主要内容不太吻合的视频，最后视频播放量，点赞量都会不如其他视频。所以做好物植入前需要想清楚自己的粉丝是为什么关注自己，他们会需要什么，这样选择出来的植入效果会更加好。

四、游戏推广

2016—2010年，游戏行业和短视频行业是中国发展最迅速的两个行业，游戏通过短视频的方式推广，短视频通过游戏获取变现。

做这样的游戏推广视频，其主要难点在于结合游戏亮点的视频创意。推广同样的小游戏，但是视频的收益却有高有低，其问题主要出在视频脚本上。如果你的小视频只是平平淡淡的播放了一个游戏画面，这样用户在观看视频时，不仅不知所云，而且无法被调动起试玩的兴趣。那么，这个视频必然是失败的，收益也不会高。如何选题和定位，并持续生产相关视频让自己粉丝越来越多，实现持续变现。这就需要创新视角，如制作游戏攻略短视频。事实上，已经出现了一些付费游戏攻略的短视频，这些内容创作者不仅可以获得付费攻略短视频的收入，还可以获得游戏厂商的补贴。因为这些攻略会让游戏得到进一步曝光，同时尽可能保留住游戏原有玩家，创建和谐的游戏社区。

五、产品测评

产品测评类短视频主要是对一些产品进行专业的测试，之后对产品进行评价并给出购买建议。

这一变现方式和传统广告变现方式最大的不同，在于测评是需要技术和试验铺垫的，需要凸显出自己频道的专业性。产品测评类型有新产品测评、同类产品横评、老产品测评，如图 5-17 所示。

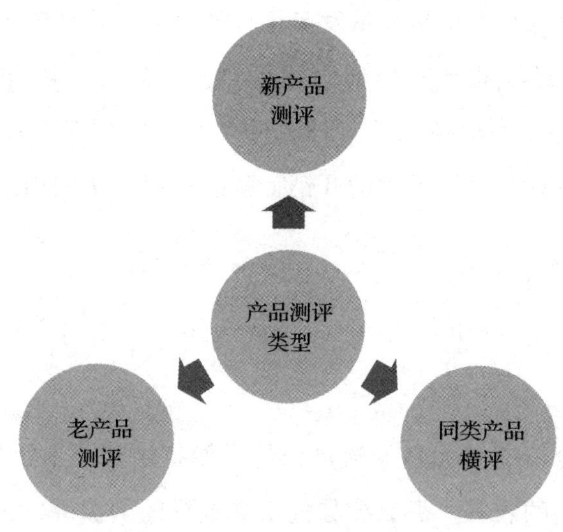

图 5-17　产品测评类型

1. 新产品测评

这一类测评一般是依靠和品牌方合作，也是播放量最稳定的视频，因为视频的时效性强，并且新产品对用户的吸引力会转变为流量。这一类视频的主要变现来源是品牌方对视频号制作视频的佣金。

2. 同类产品横评

作为测评视频号，当然要为用户推荐更好的产品，这就需要横评视频了。这一视频的目的在于通过视频号对不同产品、不同属性上的比对，让观众更加清楚地了解到不同产品的特点，帮助其做出购买决定。这一视频类型的制作难度较大，步骤较为复杂并且所需要的预算也较多，但是对提升视频号的专业性、培养忠实用户十分有效。并且不同产品的对比，可以将多个品牌的粉丝吸引到一起，在激烈讨论中，视频号的播放量、点击量都会有显著提高。

3. 老产品测评

这一类视频通常主角是某款发布很久的产品，这样的视频类似于“炒冷饭”。主要目的是提出视频号自己的观点、思考，以此影响观众，培养出真正的核心用户群体。并且过时的产品一般都会出现较大幅度的降价，制作这类视频不需要很大的开销，就能获得不错的播放量，同时实现变现。

六、引流到店

短视频平台上有着大量的流量，如果能将这些流量引导至线下店铺，将会是一笔巨大的收入。那么要如何实现这样的引流呢？主要有内容、发布、传播三个方面，如图 5-18 所示。

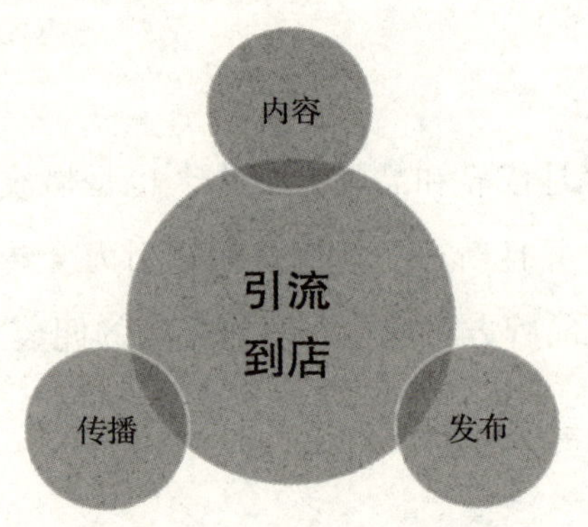

图 5-18　引流到店的方式

1. 内容

引流不是广告，这是一定要明确的。因为大众不喜欢看广告，如果只是简单地介绍店铺，挂上地址，那么将会被网友们无情划走。并且短视频平台对账号流量的控制是基于点赞量、转发量、评论量和播完率，单纯发广告必然导致这些数据不好，也就很难获得平台的流量。所以在引流时一定要注意不能使用传统广告这一方式，可以选择将好玩的事情改编为剧本，让其在店内发生，或者是讲述一些相关的知识，这样可以获得更好的数据表现，赢得更多流量。

2. 发布

单单发布娱乐性质的短视频，可能用户不会注意到店铺，这就需要注意方式。例如，将短视频定位功能打开，用户看视频时就能看到店铺地址。或者在拍摄过程中，自然地将店铺的Logo展示出来，这也能实现宣传作用。如果你感觉这样对自己的产品表达还不够深刻的话，还可以把产品融入场景中。总之，把你的某一项主打产品和一个故事场景融合成一个好玩的内容，然后发生在你的店铺里面，再把你店铺的Logo及店铺定位也融入这个视频里面，这样要比单纯录制一个广告视频的效果要好很多。

3. 传播

很多店铺会邀请到店顾客拍一个视频或者发一个朋友圈，并赠送菜品或者打折。但这种方式的作用不一定大，并且容易引起顾客反感。

第一，用户未必愿意帮你发这个视频，因为很多人的抖音里面，要么是自己的亲戚朋友，要么就是自己的忠实粉丝，不管这两种情况的哪一种，他都不愿意让别人看到自己因为一个菜品而去宣传某一个门店。而如果他竟然愿意发，那就说明他的粉丝没有很多。

第二，他的圈子里面没有很多人，那你让他发了传播给谁看呢？

第三，这样类似于朋友圈的内容，在抖音里面谁会愿意把它看完？我们在上文也提到过，如果你发一个广告的话，别人是不愿意看的，所以，即使让你的用户去发你的广告，别人也是不愿意看的。

那么，应该如何让用户为你做事呢？最好让所有的到店用户围绕你的视频号做一些事情。比如，你以给他送一个菜品，或者以折扣为诱饵，让他去关注你的抖音账号，让他去点赞、评论、转发你的视频号，通过社交链将内容传递给他身边的群体，这样，效果会更好。

视频号直播：直播 3.0 时代

1. 背景简介

2020 年是直播带货元年，主播行业的规模化、规范化程度不断提高，微信也加入了直播行业，而它入行的方式是将原有的视频号功能加上了一个直播功能。

在各式各样的直播充斥生活，人人都在直播、人人都看直播的环境下，微信的进场意义重大，因为微信和传统直播平台最大的不同就在于微信掌握着中国最大的私域流量，而私域流量在直播中的变现能力是强于公域的，私域流量的信任感更强。视频号直播和之前的看点直播等直播小程序不同，它是微信官方直播平台，微信围绕它打造了一个生态环境。

视频号对腾讯官方来说，是要打造一个视频版的微信，打造一个视频版的微信生态，打造一个视频版的零售基础设施。视频号未来将是引爆业绩的新利器、拓展新客源的载体、打开新圈层的钥匙、融通私域的新组件。

2. 微信的私域流量

虽然是私域，但是通过视频号一种特殊的推荐机制，即有人给你点赞，系统就会把内容推荐给他的微信好友，从而实现内容从私域到一个

“相对公域”圈层的扩散和打通。并且，这是一个可以从私域到“相对公域”再持续引流到私域的过程。

这个“相对公域”将更加精准、可靠，因为它的圈层属性已经被确定了，而且它的社会身份、消费能力、职业等各方面的属性都被整合起来打包推荐。

与快手和抖音的流量分发机制不同，这种在熟人朋友圈中的裂变更公平、更精准，让每个个体在这个生态里都有相同的机会，都有一定的起点，这种人际关系的运用很像微商。所以，基于最大日活 APP 微信的闭环生态圈的视频号，未来直播带货的影响将会很大。

私域电商的崛起就是公域流量增长枯竭的结果，是品牌方破解“饥渴症”的又一良方，它已从锦上添花的可选项成为零售企业不可或缺的必答题。

3. 打造信任体系

直播带货很快会从“货带人”进入“人带货”的阶段，主播可以卖一切东西，成为粉丝发现世界的一双眼睛，它的底层逻辑是基于信任。

那么，信任是如何产生的？

信任的产生方式非常简单，你们之间的公开象限越大，你们的信任度就越高。比如，上大学住在你上铺的舍友，你跟他朝夕相处了 4 年，他有没有女朋友？他的父母是什么样子的？他喜欢什么？他的成绩怎么样？这一切就叫公开象限。因为你对他非常了解，所以，你对他有很高的信任。反过来，比如，你跟一个同事相处了 4 年，到最后可能发现除了工作上的接触，你和他没有其他交集，你可能只知道他的英文名字，甚至连中文名字都不知道，这意味着你们的公开象限是不够的，你们可以协作，但你们的信任是不足的。

视频号通过社交链传播给它带来了一个巨大优势——信任优势，以关系为纽带，早期用户由于社交关系链会对主播有着较强的信任。这就解决了传统直播带货最大的问题，即初始信任问题。之后在直播的过程中，主播要把自己最真实的一面展示给用户，展示得越多，用户对你的了解越深入，之后的直播带货效果也就会越好。

4. 微信生态为直播保驾护航

相比起抖音、快手的直播带货，微信视频号的优势在于微信完整的生态链。微信有自己的微信支付、小程序、公众号和商城等一系列配套服务，尤其是微信商城，这个功能是为直播带货量身定制的。可以说，微信早就想进军直播行业了。但是有微视的惨痛教训，视频号直播这次走得更加稳健。先是使用视频号开拓出传统短视频平台难以触及的私域流量，再将商城加入微信中，实现微信购物，最后才开放直播。

5. 多样化直播

事实上，微信直播包括视频号直播在内一共有三种方式。

（1）群直播。

这一直播需要通过群聊发起，参与人数不能超过群人数上限500人，互动方式也只有常规的点赞、评论和连麦。

（2）小程序直播。

小程序直播不设人数上限，可以通过小程序进入，互动方式则多了抽奖、上架产品和分发优惠券。其本质就是电商购物，只不过借用了小程序进行实现。

（3）视频号直播。

视频号直播和小程序直播大体相同，但最主要的区别在于，视频号直播可以通过微信的一级入口直接进入，比小程序进入要方便很多；并且，推广方式除了链接还增加了好友之间的社交关系链推送，在流量上更加多样化。除此之外，视频号直播还可以使用微信豆直接打赏，这是小程序直播实现不了的。

对比三者，不难发现，视频号直播的分享方式和变现能力更加多元化，也就意味着其具有更大的发展和变现潜力。

本章小结

视频号的变现方式按照大类可以分为流量变现、内容变现和复合变现。每一种变现方式都有着对应的条件和运营原则，在过程中需要不断地进行探索，最终找到真正适合具体视频号的变现方式。对于潜力巨大的视频号市场，2021 年将是开发这个市场的最好时机，我们应该把握住平台资源和用户增长红利，使视频号实现盈利变现。视频号的潜力巨大，未来可期。

参考文献

[1] 白玉珊. 视频号掘金：获取微信生态红利的新玩法［M］. 北京：电子工业出版社，2021.

[2] 蔡汝震. 新零售网红经济环境下企业的营销路径［J］. 商场现代化，2020（3）：35-36.

[3] 曹贤坤. 田园美食类短视频跨文化传播研究——以李子柒短视频为例［J］. 中国报业，2021（2）：12-13.

[4] 柴乔杉. 名创优品真的做好上市准备了吗［J］. 中国品牌，2020（11）：60-61.

[5] 陈斌. 抓住短视频风口 做大做强主流媒体——以三峡广电实践为例［J］. 新闻前哨，2021（2）：6-7.

[6] 陈杰，丁晓冰，张凯. 买它买它 2019 年度网红带货影响力榜［J］. 知识经济，2020（Z1）：90-107.

[7] 陈杰. 微信视频号玩法指南［J］. 知识经济，2020（14）：74-77.

[8] 陈姝. 企业微信连接微信用户数达 4 亿［N］. 深圳商报，2021-01-19.

[9] 程小永. 2012 微信营销十大案例［J］. 现代企业教育，2013（3）：59-60.

[10] 崔鹏. 视频号能弥补张小龙的遗憾吗［J］. 中国企业家，2020（6）：

96-99.

［11］丁迈，张天莉，罗佳．短视频的用户生态与需求演进——《短视频用户价值调研报告（2020）》［J］．新闻与写作，2021（2）：52-59.

［12］丁毓．西瓜视频的演进之路［J］．上海信息化，2020（10）：46-49.

［13］封传美：5G时代短视频新闻传播的发展路径［J］．传媒论坛，2021，4（4）：152-154.

［14］封亚南．专访李佳琦：直播之上的奇遇人生，李佳琦和他的“口红一哥”［J］．电视指南，2020（8）：15-17+17.

［15］冯平，刘焱飞，朱中域．私域流量［M］．北京：机械工业出版社，2019.

［16］冯兆，倪泰乐．基于李子柒现象的MCN模式下文化输出策略研究［J］．传媒，2020（4）：94-96.

［17］高川淋．电商短视频的创作现状与反思［J］．传媒论坛，2020，3（4）：4-5.

［18］高琴．李子柒野食系短视频的内容生产和传播策略探析［J］．河北民族师范学院学报，2019，39（3）：109-114.

［19］高扬辉，焦朝霞．视频网站的营销策略研究——以哔哩哔哩网站为例［J］．营销界，2020（38）：11-13.

［20］龚铂洋，王易．微信视频号：内容、运营与商业化实践［M］．北京：机械工业出版社，2020.

［21］谷学强，秦宗财．竖屏时代抖音短视频创意营销传播研究［J］．新闻爱好者，2020（9）：65-67.

［22］管雄康，陈雅婷．“抖音”短视频平台用户忠诚度提升对策研究［J］．今日财富（中国知识产权），2021（2）：50-51.

［23］桂馨，冷晔，邢丽波，等．仪器操作微视频制作及在实验教学中的应用研究［J］．教育教学论坛，2017（10）：268-269.

［24］郭卿宇．5G时代短视频的发展与西瓜视频的实践研究［J］．声屏世

界，2020（17）：119-120.

［25］何文英.《乘风破浪的姐姐》吸睛又吸金 芒果超媒上半年净利逼近去年全年［N］. 证券日报，2020-08-28.

［26］洪光平. 知识付费产品中的用户期望管理研究——基于期望心智模式［D］. 广州：暨南大学，2019.

［27］胡静如. B 站盈利模式及存在问题研究［J］. 新媒体研究，2020，6（12）：36-38.

［28］胡舒晗，胡书灵. 浅析二次元文化视角下品牌 IP 设计与跨界融合［J］. 艺术工作，2020（1）：90-94.

［29］姜阳. 网红经济的生成逻辑［J］. 新闻研究导刊，2017，8（14）：72.

［30］康彧. 私域流量：概念辨析、运营模式与运营策略［J］. 现代商业，2020（23）：10-12.

［31］寇尚伟，杜芸. IP 营销：人格价值的回归［J］. 销售与市场（管理版），2016（9）：43-46.

［32］乐静. 快手短视频：内容创作 + 高效营销 + 流量变现［M］. 北京：电子工业出版社，2019.

［33］李惠琳. 熊猫不走突围［J］. 21 世纪商业评论，2019（6）：58-59.

［34］李金宝. 短视频盛宴中的媒介变革与价值发现［J］. 传媒观察，2021（2）：5-14.

［35］李伟. 爆款 IP 打造与运营：内容创作 + 吸粉技巧 + 赢利模式［M］. 北京：化学工业出版社，2019.

［36］李文乔. 移动短视频用户使用行为影响因素及服务模式研究［D］. 长春：吉林大学，2020.

［37］李洋. 用故事抢夺眼球［J］. 21 世纪商业评论，2021（Z1）：118-119.

［38］李正良，韩利君. 从弱关系到强关系：私域流量中的用户关系新建构［J］. 现代广告，2020（20）：42-46+64.

［39］李志军. 品牌 IP 化［J］. 中国服饰，2018（12）：72-73.

[40] 连语燕. 技术变革下移动短视频的大众化影像美学研究 [D]. 广州: 广州大学, 2019.

[41] 梁勤.《融创论——自主创新驱动企业转型升级》摘录（连载十九）[N]. 四川经济日报, 2019-11-12.

[42] 梁勤. 自主创新篇 [N]. 企业家日报, 2019-06-25.

[43] 林爱珺. 当前短视频创作的伦理审视 [J]. 人民论坛, 2021（4）: 63-65.

[44] 刘久明, 李训鹏. 互联网时代下"网红"的发展与展望 [J]. 传媒论坛, 2021, 4（4）: 269-170.

[45] 刘令远. 以视频互联世界 [J]. 新闻战线, 2020（14）: 83-85.

[46] 陆朦朦, 范彬彬."十三五"以来我国短视频营销发展盘点与趋势前瞻 [J]. 出版广角. 2021（1）: 19-23.

[47] 马化腾, 孟昭莉, 闫德利, 等. 数字经济: 中国创新增长新动能 [M]. 北京: 中信出版社, 2017.

[48] 苗月新. 直播带货的营销动因、主要问题及对策 [J]. 中国市场, 2021（5）: 123-124.

[49] 牟焕森, 沈绮珊, 宁连举. 短视频平台型企业商业化转型的商业模式创新——以快手为例 [J]. 企业经济, 2021（1）: 71-81.

[50] 庞东升. 快手平台短视频营销发展策略 [J]. 办公自动化, 2021, 26（2）: 35-36+39.

[51] 彭冬林. 从公众号到视频号, 眼镜企业的新机遇 [J]. 中国眼镜科技杂志, 2021（1）: 51-54.

[52] 齐欢欢, 惠银银, 郭洋洋. 浅析私域流量时代的直播电商运营 [J]. 今日财富, 2020（24）: 58-59.

[53] 谯涵容. 微信上线直播挑战抖音和快手 [J]. 计算机与网络, 2020, 46（20）: 15.

[54] 邱月烨. 视频号突围 [J]. 21 世纪商业评论, 2020（6）: 35-37.

［55］秋叶．短视频实战一本通：内容策划 拍摄制作 营销运营 流量变现［M］．北京：人民邮电出版社，2020．

［56］任怡霖．国有企业微信公众号运营分析［J］．中国管理信息化，2020，23（24）：86-87．

［57］宋婷．传播学视域下悬疑类网剧《隐秘的角落》的成功因素探析［J］．剧影月报，2020（6）：4-6．

［58］苏小默，罗晶慧，吴勇．基于 B 站的在线教育社区分析及应用探讨［J］．现代职业教育，2020（46）：232-233．

［59］孙冰．“微信之父”张小龙回顾微信 10 年［J］．中国经济周刊，2021（2）：81-83．

［60］棠思．完美日记如何演绎完美［J］．支点，2021（1）：78-80+7．

［61］王翠，刘宗元．5G 时代知识类短视频的创新路径探析——以抖音短视频平台为例［J］．出版广角，2021（1）：68-70．

［62］王芳．短视频在法治宣传中的应用分析——以“梨视频”应用为例［J］．法制与社会，2021（4）：155-157．

［63］王菲，门睿．私域流量的定义、特征与局限［J］．国际品牌观察，2020（32）：32-34．

［64］王康蓓．电商直播中的受众使用与满足分析——以淘宝直播为例［J］．传媒论坛，2021，4（4）：157-158．

［65］王倩楠．新媒体视频平台运营的内容创造与价值引领——以芒果 TV《乘风破浪的姐姐》为例［J］．传媒，2020（23）：60-62．

［66］王松梅．广告的定位与品牌的塑造［J］．商业研究，2004（9）：163-164．

［67］王婉．自我呈现与剧班表演：网红直播带货策略分析——以李佳琦为例［J］．视听界，2021（1）：44-49．

［68］王晓然．短视频 APP 的未来之路——以抖音为例［J］．传媒论坛，2019，2（22）：35-36．

[69] 王鑫轶. 短视频在国际传播视域的效果探析与对策［J］. 新闻研究导刊，2021，12（3）：61-62.

[70] 王旭红. 抖音短视频的营销模式及商业价值探究［J］. 西部广播电视，2019（22）：28-30.

[71] 王意超，钱俞静. 短视频主流价值观传播策略研究［J］. 中国报业，2021（4）：20-21.

[72] 韦小岿. 网红经济视域下的直播运营探究［J］. 老字号品牌营销，2021（2）：77-78.

[73] 吴倩，焦曦. 互联网对于古风音乐的传承与弘扬——以《青花瓷》为例［J］. 大观（论坛），2020（7）：26-27.

[74] 吴智银. 社群营销与运营实战手册：电商引流＋用户运营＋活动策划＋内容运营＋品牌塑造［M］. 北京：人民邮电出版社，2020.

[75] 夏德元，刘博，吴玫. 新开视频号，媒体跟不跟？［J］. 传媒评论，2020（8）：32-34.

[76] 项飞. 移动互联网背景下直播带货与电视购物的比较研究［J］. 声屏世界，2020（18）：9-10+21.

[77] 小马宋. 从0到3000万，熊猫不走蛋糕如何做到70%公众号购买［J］. 中国商人，2020（5）：56-59.

[78] 肖芃，肖赞军. 新型传媒集团全媒体融合发展路径研究——以芒果超媒为例［J］. 湖南师范大学社会科学学报，2021（1）：135-141.

[79] 徐语鸿. “网红”成都有道理［J］. 中华手工，2019（4）：58-61.

[80] 许璐. 基于客户体验价值的高铁客运服务质量研究［D］. 北京：北京交通大学，2016.

[81] 许惟一. 国漫市场潜力巨大 国际合作日趋紧密［N］. 国际出版周报，2020-07-27.

[82] 杨铎. 私域电商：人格化品牌的直播变现［M］. 北京：中华工商联合出版社，2020.

[83] 杨楠. 网红直播带货对消费者品牌态度影响机制研究［J］. 中央财经大学学报，2021（2）：118-128.

[84] 杨宁，郭玉淇. 电商基于网络直播平台的营销策略［J］. 农家参谋，2020（22）：172+212.

[85] 杨莹. 探析李子柒视频的变现模式［J］. 传媒论坛，2021，4（1）：171-172.

[86] 杨震，李刚健. 价值观是打造超级 IP 的基石［J］. 商学院，2017（4）：41-42.

[87] 叶阳，王月. 互联网环境下的美妆品牌营销策略——以完美日记为例［J］. 质量与市场，2020（19）：70-72.

[88] 佚名. IP 营销：让品牌更具温度［J］. 中国合作经济，2020（1）：35-37.

[89] 袁国宝，黄博，刘力硕. 超级 IP 运营攻略［M］. 北京：人民邮电出版社，2018.

[90] 张嘉文. 从"四川观察"走红看主流媒体的短视频转型策略［J］. 视听，2021（2）：126-127.

[91] 张景云. 基于私域流量的有线网业务直播［J］. 中国有线电视，2020（11）：1382-1383.

[92] 张欣茹. 私域流量，会是营销的未来吗?［J］. 国际品牌观察，2020（32）：27-28.

[93] 张雪. 私域流量营销：后疫情时代实体书店直播转型再思考［J］. 出版科学，2020，28（5）：82-90.

[94] 张毅梦. 网络直播带货："李佳琦"的传播策略——以博主李佳琦为例［J］. 东南传播，2020（4）：88-91.

[95] 张翼帆. 当超级用户遇上私域流量［J］. 销售与市场（营销版），2021（1）：92-93.

[96] 张悦畅. 新媒体视域下电商网红店主个人品牌化塑造——以淘宝直播

主播薇娅为例［J］. 新媒体研究，2019，5（12）：134-135.
［97］赵述评，赵驰. 多点 DMALL、叮咚买菜等上市传闻不断 生鲜电商“开春”了?［N］. 北京商报，2021-02-22.
［98］支海燕. 从“口红一哥”李佳琪的爆火看直播营销［J］. 大众文艺，2020（5）：132-133.
［99］周慧，刘玲灵，买杨洋. 基于微信小程序的“互联网＋驾考”私域流量建设［J］. 河北企业，2020（10）：107-108.
［100］周尚谕. 扇贝新媒体矩阵的内容策划［D］. 南京：南京大学，2020.
［101］周鑫君. B 公司抖音视频二次传播策略研究［D］. 上海：华东师范大学，2021.
［102］朱瑾. 基于 UGC、OGC 谈新媒体短视频中的城市文化传播［J］. 传媒论坛，2021，4（4）：28-29.
［103］朱若淼. 微信“整理”朋友圈［J］. 现代商业银行，2019（16）：97-131.
［104］朱爽.“5G 网络＋直播”下零售电商的瓶颈突破与发展路径［J］. 商业经济研究，2021（4）：98-101.
［105］祝福. 私域流量：从 0 到 1 搭建私域流量池的方法论［M］. 北京：机械工业出版社，2020.
［106］邹戈胤，刘俊英，郭勇.“疫情后”服务业直播及短视频营销私域流量建设［J］. 中小企业管理与科技（下旬刊），2020（12）：98-99.
［107］周维. 爆款短视频：如何频繁产出刷屏视频［M］. 北京：中信出版社，2020.